21세기 국제안보 그리고 한반도

안보란 무엇인가

What is Security?
Analysis of International Security and
the Korean Peninsula in the 21st Century

김병남 지음

한울
아카데미

이 도서의 국립중앙도서관 출판시도서목록(CIP)은 e-CIP홈페이지(http://www.nl.go.kr/ecip)와 국가자료공동목록시스템(http://www.nl.go.kr/kolisnet)에서 이용하실 수 있습니다.(CIP제어번호: CIP2011005162)

••• 머리말

 안보라는 말을 들으면 왠지 모르게 칙칙하고 케케묵고 딱딱하게 느껴지는 것은 물론 고리타분하기까지 한 이유는 무엇일까? 이는 냉전 시기에 안보가 권력이나 힘과 같은 의미로 간주되고, 특히 정치가들이 정권을 유지하기 위해 의도적으로 안보를 이용하려고 했으며, 이에 따라 안보의 올바른 의미가 밝혀지지 않고 모호하게 유지되어 온 측면이 있기 때문이다. 그러나 그 개념을 정확히 살펴보면 안보는 우리의 일상생활과 매우 밀접한 관계를 유지하고 있는 중요한 단어임을 알 수 있다. 이러한 측면에서 안보의 의미를 재조명할 필요가 있다.

 안보(security)의 라틴어 세쿠리타스(securitas)의 어원을 살펴보면 불안·근심이나 위협에서 벗어난다는 의미가 있다. 물론 냉전 시대에 안보라고 하면 국가안보 측면에서만 생각하는 경향이 강했다. 그러나 이념 문제가 퇴색된 탈냉전 이후에는 인간안보라는 용어가 보편적으로 사용되고 있다. 인간이 위협에서 벗어난 편안하고 자유로운 상태를 추구하는 것은 당연한 일이다. 헌법 제2장 제10조는 "모든 국민은 인간으로서의 존엄과 가치를 가지며 행복을 추구할 권리가 있다"고 밝히고 있다. 즉, 우리는 인간답게 살 권리가 있는 것이다.

 만일 우리가 인간답게 살아가지 못하고 우리를 위협하는 요소가 있다면 개개인에 대한 안보가 튼튼하지 못한 것이다. 그러나 주변을 둘러보면 너무나도 많은 위협이 우리를 둘러싸고 있음을 알 수 있다. 현재 지구촌에서는 빈곤·기아·차별·학대·박해 등으로 인간안보가 위협받는 경우가 허다한 실정이며, 내전이나 전쟁은 이러한 위협을 더욱 부채질한다. 그뿐만 아니라 신종플루나 방사능비에 노출되거나 테러와 국제범죄의 대상이 될 가능성에 대한 우려도 크다. 이와 함께 국제적인 전쟁을 방지하고 평화를 바라는, 즉 국제사회가 위협에서 벗어난다는 의미의 국제안보에 대한 관심이 크게 증가하고 있다.

우리가 사는 21세기는 세계화·정보화 시대이자 포괄적 안보의 시대라고 말할 수 있다. 즉, 정치적·군사적 위협은 물론 경제·사회·문화 그리고 테러와 마약·해적 등의 조직범죄, 환경보건에 이르기까지 한 국가나 몇몇 국가의 힘만으로 해결할 수 없는 초국가적인 위협에 포위된 안보환경에 놓여 있는 것이다. 이와 관련해 우리 생활의 일부가 된 안보의 의미를 재조명하고 이를 통해 국제관계의 이해를 도모하고자 이 책을 쓰게 됐다.

이 책은 필자가 그간 대학에서 강의한 국제안보론, 정보와 국제관계 등에서 안보에 대해 꼭 알았으면 하는 핵심 사항을 위주로 정리했으며, 무엇보다도 이해하기 쉬운 글로 풀어내고자 노력했다. 또한 필자가 강단에 서기 이전에 사회에서 경험했던 실무 지식을 후학들에게 전달하고픈 마음도 있었다. 아무쪼록 이 책을 통해 안보라는 단어에 친숙해지고 안보에 대해 쉽게 이해할 수 있기를 바란다.

2011년 11월
김병남

··· 차례

머리말 3
약어 8

제1장 안보의 개념과 안보환경 변화 ·················13
1. 안보의 개념 13
2. 안보환경의 변화 15
3. 국가 간 안보 협력 16

제2장 국제안보의 연구와 접근 방법 ·················18
1. 국제안보 연구 18
2. 접근 방법 19

제3장 이론과 관점 ·················22
1. 이론과 관점이란? 22
2. 주요 이론 검토 23

제4장 21세기 국제질서의 특징 ·················39
1. 국제질서란? 39
2. 안보적 관점에서 본 21세기 국제질서의 특징 40

제5장 동북아 안보와 한반도 ·················51
1. 동북아 안보 정세 51
2. 동북아 안보 정세의 연구 56
3. 동북아 정세: 한반도 주변 4대강국의 입장 59

제6장 핵무기와 안보 ·· 65
1. 핵무기의 성격 65
2. 핵억지 69
3. 핵확산 71
4. 핵통제 73
5. 한국의 핵개발 75

제7장 북한의 핵·체제 및 통일 문제 ························ 76
1. 북한 핵문제 76
2. 북한체제 문제 80
3. 통일 문제 89
4. 김정일 이후 북한체제 92

제8장 정보와 정보 실패 ·· 95
1. 정보란 무엇인가? 96
2. 정보 실패 105

제9장 글로벌 거버넌스 ·· 112
1. 개념 112
2. 글로벌 안보 거버넌스 114
3. 글로벌 거버넌스 행위자 115
4. 유엔 123

제10장 분쟁과 평화유지활동 ···································· 131
1. 분쟁 131
2. 전쟁 132
3. 유엔 평화유지활동 138

제11장 지역 통합과 글로벌 경제 ···144
　1. 지역주의와 지역 통합 145
　2. 글로벌 경제 149
　3. 브릭스 부상 153

제12장 새로운 안보 이슈: 환경·빈곤·인권·테러리즘·국제범죄 ··········158
　1. 환경 159
　2. 빈곤 164
　3. 인권 169
　4. 테러리즘 172
　5. 국제범죄 178

제13장 한국에 대한 안보 위협과 대응 ···183
　1. 전통적 안보 위협 184
　2. 비전통적 안보 위협 195
　3. 위협에 대한 대응 198

제14장 국제안보환경 전망과 한국의 과제 ·····································200
　1. 국제안보환경 전망 201
　2. 미국 국가정보위원회의 2025년 예측 보고서 203
　3. 미국의 21세기 패권 전략 전망 205
　4. 한국의 과제 208

참고문헌 210
찾아보기 219

··· 약어

ACA(Arms Control Association) 미국 군축협회
AI(Amnesty International) 국제사면위원회
APEC(Asia-Pacific Economic Cooperation) 아시아-태평양경제협력체
ARF(ASEAN Regional Forum) 아세안지역안보포럼
ASEAN(Association of South East Asian Nations) 동남아시아국가연합
BRICS 브릭스
CARE(Cooperative for Assistance and Relief Everywhere) 케어
CIA(Central Intelligence Agency) 미국 중앙정보국
CIS(Commonwealth of Independent States) 독립국가연합
CSCE(Conference on Security and Cooperation in Europe) 유럽안보협력회의
CTBT(Comprehensive Test Ban Treaty) 포괄적핵실험금지조약
DAC(Development Assistance Committee) 개발원조위원회
DDoS(Distributed Denial of Service) 디도스
EC(European Community) 유럽공동체
ECA(Economic Commission for Africa) 아프리카경제위원회
ECE(Economic Commission for Europe) 유럽경제위원회
ECLAC(Economic Commission for Latin America and the Caribbean) 중남미경제위원회
ECOSOC(Economic and Social Council) 경제사회이사회
ECSC(European Coal and Steel Community) 유럽석탄철강공동체
EEC(European Economic Community) 유럽경제공동체
EMP(Electro Magnetic Pulse) 전자기 펄스
ESCAP(Economic and Social Commission for Asia and Pacific) 아시아-태평양경제사회위원회
ESCWA(Economic and Social Commission for Western Asia) 서아시아경제사회위원회
EU(European Union) 유럽연합

FBI(Federal Bureau of Investigation) 연방수사국
FSB 연방보안부
FTA(Free Trade Agreement) 자유무역협정
GATT(General Agreement on Tariffs and Trade) 관세 및 무역에 관한 일반협정
GNI(Gross National Income) 국민총소득
GNP(Gross National Product) 국민총생산
GPS(Global Positioning System) 위성위치정보시스템
Greenpeace 국제환경단체
GSP(Generalized System of Preference) 일반특혜관세제도
HEU(High Enriched Uranium) 고농축우라늄
IAEA(International Atomic Energy Agency) 국제원자력기구
IBRD(International Bank for Reconstruction and Development) 국제부흥개발은행
ICBL(International Campaign to Ban Landmines) 국제지뢰금지운동
ICBM(Intercontinental Ballistic Missile) 대륙간탄도미사일
ICC(International Criminal Court) 국제형사재판소
IGO(Inter Governmental Organization) 정부 간 기구
IISS(International Institute for Strategic Studies) 영국 국제전략문제연구소
IMF(International Monetary Fund) 국제통화기금
ITT(International Telephone and Telegraph Corporation) 국제전화전신회사
JSA(Joint Security Area) 판문점공동경비구역
KEDO(Korean Peninsula Energy Development Organization) 한반도에너지개발기구
KGB 소련 국가보안위원회
KOTRA(Korea Trade-Investment Promotion Corporation) 대한무역투자진흥공사
LIEO(Liberal International Economic Order) 국제자유경제질서
MD(Missile Defense) 미사일방어
MDGs(Millennium Development Goals) 천년개발목표
MERCOSUR(Mercado Común del Sur) 남미공동시장
MINUSTAH(United Nations Stabilization Mission in Haiti) 아이티평화유지군
MNCs(Multinational Corporations) 다국적 기업
MSF(Médecins Sans Frontiéres) 국경없는의사회
MTCR(Missile Technology Control Regime) 미사일기술통제레짐

MIRV(Multiple Independently-targeted Reentry Vehicle) 다탄두각개목표재돌입미사일
NAFTA(North American Free Trade Agreement) 북미자유무역협정
NATO(North Atlantic Treaty Organization) 북대서양조약기구
NGO(Non Governmental Organization) 비정부기구
NIC(National Intelligence Council) 미국 국가정보위원회
NIEO(New International Economic Order) 신국제경제질서
NIO(National Intelligence Officer) 국가정보관
NLL(Northern Limit Line) 북방한계선
NPT(Nuclear Non-Proliferation Treaty) 핵확산금지조약
NSA(National Security Agency) 국가안전국
ODA(Official Development Assistance) 공적개발원조
OECD(Organization for Economic Cooperation and Development) 경제협력개발기구
OPEC(Organization of Petroleum Exporting Countries) 석유수출국기구
OSCE(Organization for Security and Cooperation in Europe) 유럽안보협력기구
OXFAM(Oxford Committee for Famine Relief) 옥스팜
PBO(Peace Building Operation) 평화구축활동
PKO(Peace Keeping Operation) 평화유지활동
Post-BRICS 포스트-브릭스
PSI(Proliferation Security Initiative) 확산방지구상
PTBT(Partial Test Ban Treaty) 부분핵실험금지조약
QDR(Quadrennial Defense Review) 4개년국방검토보고서
RFA(Radio Free Asia) 자유아시아방송
SCF(Save the Children Fund) 아동구호기금
SCM(ROK-US Security Consultative Meeting) 한미연례안보협의회
SCO(Shanghai Cooperation Organization) 상하이협력기구
SDI(Strategic Defense Initiative) 전략방위구상
SLBM(Submarine Launched Ballistic Missile) 잠수함발사탄도미사일
SMO(Support to Military Operation) 군사작전지지
SOFA(Status of Forces Agreement in Korea) 주한미군지위협정
SVR 해외정보부

TESS(Trans Eurasian Security System) 범유라시아안보체제
TI(Transparency International) 국제투명성기구
TKR(Trans-Korean Railway) 한반도종단철도
TSR(Trans Siberian Railway) 시베리아횡단철도
UN(United Nations) 국제연합
UNCED(United Nations Conference on Environment and Development) 유엔환경개발회의
UNCHR(United Nations Commission on Human Rights) 인권위원회
UNCTAD(United Nations Conference on Trade and Development) 유엔무역개발회의
UNDP(United Nations Development Program) 유엔개발계획
UNEP(United Nations Environment Program) 유엔환경계획
UNHCR(United Nations High Commission for Refugees) 유엔난민고등판무관실
UNHRC(United Nations Human Rights Council) 인권이사회
UNICEF(United Nations Children's Fund) 유엔아동기금
UNIFIL(United Nations Interim Forces in Lebanon) 레바논평화유지군
UNSAS(UN Stand-by Arrangement System) 유엔상비군체제
WHO(World Health Organization) 세계보건기구
WMD(Weapons of Mass Destruction) 대량살상무기
WTO(World Trade Organization) 세계무역기구

... 01

안보의 개념과 안보환경 변화

1. 안보의 개념

'안보'란 무엇을 의미할까? 안보라는 뜻의 'Security'는 라틴어 'Securitas'에서 어원을 찾을 수 있는데 'Securitas=Se(벗어나다)+Curitas(불안·근심·걱정·위협·공포)'로서 '공포에서 벗어나다'라는 의미가 있다. 한편 'Security'는 제1차 세계대전 직후 창설된 국제연맹(The League of Nations)의 규약 전문에서 'to achieve international peace and security'라는 구절에 포함되어 처음으로 사용됐다.

이처럼 안보의 사전적 개념은 편안히 보전되어 물리적·심리적 안정을 누리고 공포로부터 자유로운 상태를 의미한다. 즉, 국가안보는 국가가 위협으로부터 벗어나 안전해지는 것을 의미한다. 좀 더 구체적으로 표현하면, 한국을 기준으로 할 때 국가안보란 "대내외 위협으로부터 국가와 국민의 핵심적 가치인 생명·재산, 영토·주권, 자유민주주의체제를 수호하고 국가적 번영을 보호하여 물리적으로뿐만 아니라 심리적으로도 안전이 유지되는 것"으로 정의된다. 이처럼 국가안보의 의미가 국가를 위협으로부터 안전하게 지키고 보호하는 것이라면 국제안보는 보호해야 할 대상이 지구촌 국제사회로 보다 확장된 것이라고 볼 수 있다.

그렇다면 안보의 주체와 객체란 무엇인가? 안보의 주체는 안보 위협을 야기하는 행위자를 의미하며, 안보의 객체는 안보 위협을 받거나 그러한 위협으로부터 보호해줘야 할 대상을 말한다. 탈냉전 이후 인간은 보호되어야 할 안보 객체로 새롭게 부각됐는데, 1994년 유엔개발계획(UNDP)의 보고서에서 '인간안보'라는 용어가 처음으로 등장했으며 이 용어는 내란·인종 분규·전쟁·기아·질병 등의 위협으로부터 개인을 안전하게 보호하는 것을 의미한다. 이는 이념 분쟁이 쇠퇴한 탈냉전 시기에 개인의 인권을 존중하는 새로운 안보환경의 변화를 말해준다. 유엔안전보장이사회(이하 안보리)는 2011년 7월 12일 어린이 병사 모집 금지 결의를 만장일치로 채택했는데, 이 결의를 통해 무력 충돌 시 어린이에 대한 인권침해와 학대를 자행하는 세력에 대해 관련 국가들이 단호하고 즉각적인 조치를 취할 것을 촉구했다.

안보의 특성으로는 상대성과 모호성을 들 수 있다. 첫 번째, 상대성이란 안보가 '위협으로부터 안전하게 지키고 보호한다'라는 뜻에서 위협하는 상대가 있게 마련이라는 것이다. 따라서 안보는 상대적인 것이며, 위협하는 어떤 상대가 있기 때문에 그 상대의 위협으로부터 지키고 보호할 필요가 있는 것이다. 두 번째, 안보의 개념은 모호한 것으로 지적되어왔는데 이는 냉전 시기에 현실주의 패러다임이 자유주의 패러다임보다 더 우세한 가운데 '안보=힘(Power)'이라는 의미로 사용·연구되어 학문적인 독자성을 구축하지 못했기 때문이다. 또한 정치가들이 정권을 유지하기 위해 의도적으로 안보를 이용함으로써 모호성을 유지한 측면도 있다.

2. 안보환경의 변화

국제정치, 국제관계, 세계정치의 개념을 통해 안보환경의 변화를 살펴볼 수 있다. 흔히 이야기하는 국제정치(International Politics: IP)는 군사·정치 문제가 중심 이슈였던 냉전 시기의 표현으로서 국가 간 군사·외교·정치 관계를 의미한다. 그러나 최근 대학에서는 국제정치라는 표현보다는 국제관계(International Relations: IR)라는 표현을 주로 사용한다. 대학의 학과명도 국제정치학과보다는 국제관계학과로 쓰는 편이다. 그 이유는 무엇인가? 탈냉전 이후 경제를 중심으로 사회·문화 등 모든 부문이 주요 이슈로 부상했으며, 따라서 국제관계는 군사·외교·정치 관계는 물론 국가 간 경제·사회·문화 등 전 부문을 포괄하는 관계를 의미한다. 한편 21세기 들어, 특히 9·11 테러를 계기로 테러·국제범죄처럼 한 국가 또는 몇몇 국가가 해결할 수 없는 이슈가 크게 부각됐다. 이들 이슈는 전 세계적으로 영향을 주고, 국가 간 관계를 넘어 국가 내부의 국민 개개인에게까지 직접적인 영향을 미치고 있다는 점에서 세계정치(World Politics: WP) 또는 초국가 관계(Transnational Relations)로 표현된다. 이와 관련해 학자들은 9·11 테러 이후 시기를 탈냉전과 비교해 포스트-탈냉전(Post-Post Cold War)으로 부르기도 한다. 이와 같이 '국제정치 → 국제관계 → 세계정치 또는 초국가 관계'로 변화되어 온 개념을 통해 안보환경의 변화를 이해할 수 있다.

탈냉전 이후의 안보환경은 전통적인 정치·군사 중심의 안보 개념에서 비전통적·비정치적·비군사적인 경제·사회·자원·환경보건·인권·테러·국제범죄 등을 총망라하는 포괄적 안보(Comprehensive Security) 개념으로 확대 변화됐다. 그리고 이와 같은 안보환경의 변화로 국가안보든 국제안보든 지키고 보호하기가 힘들어졌으며, 특히 한국의 국가안보 입장에서는 안보의 영역과 범위가 크게 확대되고 대상국이 늘어났으며 이에 따라 국가를 지키고 보호하기 위한 안보 능력은 상대적으로 약화됐다. 탈냉전 시기에 들어 국가를 위협하는 요소가 늘어난 것이다.

3. 국가 간 안보 협력

국가 간 안보 협력에는 다양한 안보 개념이 있다. 이번 절에서는 집단안보(Collective Security), 집단방위(Collective Defense), 공동안보(Common Security), 협력안보(Cooperative Security)에 대해 살펴보자.

첫 번째, 집단안보는 제1차 세계대전(1914~1918년)의 결과로 등장한 국제연맹이 새로운 체제를 구상함으로써 발생한 안보 개념으로, 세계적 집단에 속한 다수의 국가들이 집단으로 협력 대응하여 무력으로 평화를 파괴하려는 소수의 국가로부터 국제 안전과 평화를 보장하고 궁극적으로는 개별국의 안전을 확보하기 위한 국제안보 보장 방식이다. 즉, 한 국가에 대한 공격을 여타 국가에 대한 공격으로 간주해 침략국가에 공동으로 대항함으로써 잠재된 침략국가의 전쟁 승리 기대치를 낮춰 전쟁을 방지하려는 데 목적이 있다. 현 국제연합(UN, 이하 유엔)체제에서도 집단안보가 유지되고 있으며, 6·25전쟁은 유엔체제하에서 최초의 집단안보가 적용된 사례이다.

두 번째, 집단방위는 지역국가들이 지역 차원에서 방위기구를 만들어 서로의 안전보장을 꾀하는 것으로 북대서양조약기구(NATO, 이하 나토), 바르샤바조약기구 등이 이에 해당한다. 즉, 집단안보가 세계적 차원의 안보라면 집단방위는 지역 차원의 안보를 위한 개념으로 이해할 수 있다. 예를 들어 나토가 코소보 사태 당시 유럽의 평화와 안보 차원에서 단행한 군사개입은 집단방위라고 볼 수 있다.

세 번째, 공동안보는 냉전 시 미국과 소련 양 진영 간에 군사·정치 분야의 신뢰 구축과 군비축소 문제를 주요한 관심 사항으로 다루던 체제를 의미한다. 공동안보는 1975년 유럽안보협력회의(CSCE)의 결과물이다. 유럽안보협력회의는 핀란드 헬싱키에서 소련과 동구권을 포함한 모든 유럽의 국가가 모여 발족한 것으로 유럽의 평화와 안전을 확보하기 위해 결성됐다. 공동안보의 기본 개념은 적대국과의 공존을 통해 안보를 달성하는 것으로, 냉전 당시 미국과 소련 양 진영은 과다한 군비지출을 줄이고 대화를 통해 상대방의 안보를 보장함으로써 공동의 안보를 구축하고자 했다.

네 번째, 협력안보는 탈냉전 이후 국가 간 군사 체계의 대립 관계를 청산함은 물론 안보 영역도 단순히 군사에만 한정시키지 않고 경제·환경·테러 등 위협 대상을 모두 포함하는 포괄적 안보를 지향한다. 또한 탈냉전 이후 안보환경의 변화를 감안하여 분쟁을 사전에 방지하기 위한 예방외교에 목표를 둔다. 이와 관련해 다자간 안보 협력을 추진하고 비정부 간 대화를 중요시한다. 국가 간 군사·정치·외교·경제·사회 등 여러 분야의 현안을 협의하여 분쟁 요인을 사전에 제거함으로써 분쟁을 예방하고 평화적 해결을 도모하려는 것이다. 이에 따른 활동 및 협력 강화를 위해 유럽안보협력회의는 1995년 유럽안보협력기구(OSCE)로 개칭됐으며, 분쟁 방지에 역점을 두고 있다.

한반도 안보는 주변 강대국과 북한으로부터의 위협을 사전에 제거하고 전쟁을 예방함으로써 한국의 국가안보 능력을 강화하고 국가이익을 제고하는 것이다. 국가이익이란 국가에 유리한 국제환경을 조성하고 국민의 삶의 질을 향상시키는 것을 의미한다. 특히 한반도는 북한의 군사 위협이 지속되고 있고, 한반도가 포함된 동북아 지역은 냉전 잔재 지역으로 국가 간 영토 분쟁으로 인한 군비 경쟁이 끊임없이 일어나며 군사 충돌 가능성이 잠재된 갈등 구조적 특성을 갖고 있다. 이처럼 한반도 안보는 국가안보와 국제안보를 포괄하는 안보 문제인 만큼 국가안보를 바탕으로 한 국제안보 이해가 필수적이라 할 수 있다.

... 02

국제안보의 연구와 접근 방법

1. 국제안보 연구

국제안보 연구(International Security Studies: ISS)는 제2차 세계대전이 끝나고 냉전이 시작되면서 대내외의 위협으로부터 어떻게 국가를 보호할 것인가에 대한 논쟁에서 비롯됐으며, 그 후 탈냉전으로 인한 안보환경 변화에 따라 포괄적 안보 개념이 부상하면서 활성화됐다. 냉전 시기의 국가안보 연구에서 탈냉전을 계기로 학자들이 국제안보에 대한 연구에 새롭게 눈을 뜨기 시작한 것이다. 이와 관련해 미국의 국제정치학자 조지프 나이(Joseph Nye)는 국제안보 연구를 '젊은 영역'이라고 언급하기도 했다.

특히 2001년 9·11 테러를 계기로 국제안보 연구와 관련된 회의 개최가 증가하고 관련 문헌·학술지 발간의 팽창으로 국제안보 연구는 빠르게 성장했다. 국제안보 연구의 주제는 냉전 시 군사·정치·외교 중심에서 탈냉전 이후 비군사적·비정치적 문제로 확대됐으며, 지구촌 및 국제사회에 위협을 가하는 모든 이슈의 연구를 포함하게 됐다.

2. 접근 방법

국제안보 연구의 접근 방법으로는 이론적 관점, 강대국 정치, 기술, 사건, 이슈, 레짐 등 6가지를 열거할 수 있으며 각각의 접근 방법은 시간 경과에 따라 지속·발전됐다.

첫 번째, 이론적 관점은 국제안보 연구를 위한 다양한 시각을 제공해준다. 각 개인은 이론을 통해 형성된 관점으로 국제안보와 관련된 문제를 들여다보게 되는데, 이때 어떤 현상에 대해 체계적으로 접근할 수 있게 만드는 토대가 이론이다. 각 개인은 이론을 통해 국제관계를 바라보는 자신만의 관점을 형성할 수 있게 된다. 이론에 의거한 학술적 논쟁은 현실주의, 자유주의, 구성주의 등으로 진화되어갔으며, 이와 관련해 제3장에서는 현실주의, 자유주의를 중심으로 주요 이론들에 대해 살펴볼 것이다. 이론 하나하나가 방대한 내용이지만 이 책에서는 이론의 요점을 정리하는 식으로 접근할 것이다.

두 번째, 강대국 정치는 강대국에 대한 연구를 중심으로 한 접근으로, 포괄적 안보 개념하에서는 안보의 주체와 객체가 확대됐다 하더라도 국가가 여전히 중요한 행위자로서 작용한다. 특히 미국은 탈냉전 이후 유일한 초강대국이자 패권국으로서 지구상 모든 국가의 정책 결정에 중대한 영향을 미친다. 그렇기 때문에 어느 국가를 연구한다 하더라도 강대국인 미국에 대한 연구는 기본이다. 미국이 국제질서를 주도하기 위해 개입주의를 추구하는 이상 모든 국가의 중요한 이해관계는 미국과 얽혀 있을 수밖에 없다. 또한 미국과 함께 G-2를 형성하고 있는 중국을 비롯해 국제정치에 영향을 주는 일본·러시아 등 강대국은 물론 거대한 블록을 이루는 유럽연합(EU) 및 최근 부상하고 있는 브릭스(BRICS) 등이 주요 연구의 대상이 될 수 있다. 이와 같이 강대국을 중심으로 한 연구 또한 국제안보 연구의 주요한 접근 방법이다. 제5장에서는 한반도를 둘러싼 미국·일본·중국·러시아 등 4대강국에 대해 살펴보는 한편, 제7장에서는 북한 문제를 고찰할 것이다. 그리고 제11장에서는 유럽연합 및 브릭스 국가들에 대해, 제13장에서는 한국과 미국의 관계에 대해, 제14장에서는 미국의 21세기 패권 전략에 대해 살펴볼 것이다.

세 번째, 기술 또한 국제안보를 연구하는 주요 접근 방법인데, 시간 경과에 따라 기술은 지속적으로 진화 발전됐다. 신기술을 많이 확보한 국가일수록 강대국인 것이다. 핵무기를 포함한 대량살상무기(WMD), 탄도미사일 등은 기술 없이는 만들 수 없는 무기이다. 그뿐만 아니라 9·11 테러를 통해 알 수 있듯이 테러의 기술적 진화도 지속적으로 이뤄지고 있다. 제6장에서는 기술 문제와 관련해 핵무기에 대해 살펴보고, 제4장과 제12장에서는 테러리즘에 대해 다룰 것이다.

네 번째, 사건을 중심으로 한 연구도 국제안보 연구의 한 축을 이룬다. 제1·2차 세계대전, 6·25전쟁, 베트남전쟁, 소련 붕괴, 걸프전쟁, 각종 지역 분쟁, 9·11 테러, 테러리즘과의 전쟁은 물론 탈냉전 이후에 안보 대상이 된 경제·환경·인권 등과 관련된 사건도 국제안보 연구의 접근 방법이 된다. 이와 관련해 제10장에서는 분쟁 및 평화유지활동과 관련된 사건을 그리고 각 장에서는 주제와 관련된 사건을 살펴볼 것이다. 한편 제8장에서는 정보 실패와 관련된 사건에 대해서 다룰 것이다.

다섯 번째, 이슈를 중심으로 한 연구도 국제안보 연구의 하나이다. 이와 관련해 제12장에서는 탈냉전 이후 국제사회의 주요 현안이면서 새롭게 글로벌 안보 이슈로 부각되고 있는 환경·빈곤·인권·테러리즘·국제범죄에 대해 살펴볼 것이다. 그리고 제11장에서는 경제 이슈와 관련된 지역 통합 및 글로벌 경제문제에 대해서 다룰 것이다.

여섯 번째, 레짐 또한 국제안보를 연구하는 주요 접근 방법이다. 탈냉전 이후 안보 위협에 대한 국제 레짐이 구축되고 있다. 이는 지구적 차원의 다양한 행위자 간 협동통치의 메커니즘인 글로벌 거버넌스에 의한 것이다. 이와 관련해 제9장과 제12장에서는 글로벌 거버넌스와 관련된 레짐을 살펴볼 것이다.

...03

이론과 관점

1. 이론과 관점이란?

　관점은 한마디로 사물을 보는 방향과 각도이다. 겉으로 드러난 현상만 보고서는 국제안보와 국제관계를 평가할 수 없으며, 그 본질을 제대로 파악하기 위해서는 올바른 관점으로 평가 분석해야 한다. 이러한 관점을 가지도록 도움을 주는 것이 이론이다. 즉, 이론은 각자가 관점을 갖게 하는 토대로서 현상을 판단하는 눈을 제공한다. 이로써 각자는 자신만의 관점을 갖게 되고 자신의 의견을 합리적으로 표현하고 주장할 수 있는 능력을 획득하는 것이다.
　학자들이 이론을 만든 것은 그 이론을 통해 자신의 주장을 쉽게 설명하기 위해서이다. 사람들은 이러한 이론을 통해 현상이 갖는 의미를 잘 이해하고 판단할 수 있는 관점을 얻게 된다. 또한 이런 관점을 통해 자신만의 독특한 시각을 형성할 수 있을 뿐 아니라 그것을 새로운 이론으로 발전시켜 나갈 수도 있는 것이다.

따라서 관점을 형성하기 위해서는 기존의 주요 이론을 검토할 필요가 있다. 그렇게 함으로써 어떤 현상에 어떤 이론을 적용하는 것이 좋을지 알 수 있다. 국제안보와 관련한 국제관계를 들여다보는 전통적인 3가지 이론으로는 현실주의, 자유주의, 구조주의가 있다. 이 외에도 국제사회이론, 구성주의, 게임이론, 민주평화론이 있는데, 다음 절에서부터는 각 이론을 살펴보고 주요 내용을 중심으로 요점을 정리해볼 것이다.

2. 주요 이론 검토

1) 현실주의

현실주의(Realism)의 지적 전통과 관련해서는 먼저 투키디데스(Thucydides, 기원전 471~400년)를 들 수 있다. 그는 『펠로폰네소스 전쟁(History of the Peloponnesian War)』을 통해 아테네 동맹과 스파르타 동맹의 전쟁 원인이 두 동맹 간의 세력균형이 붕괴된 데서 비롯됐다고 결론 내렸다. 그 당시 도시국가 중 스파르타와 아테네는 세력균형을 이루고 있었다. 그런데 아테네가 급속한 번영을 이루자 스파르타가 주도권 상실을 우려해 다른 도시국가들과 동맹을 맺어 아테네가 이끄는 동맹과 전쟁을 벌였다는 것이다. 한편 니콜로 마키아벨리(Niccoló Machiavelli, 1469~1527년)는 『군주론(Il Principe)』에서 군주가 도시국가를 잘 통치하려면 권력에 대한 의지가 있어야 함은 물론 가능한 한 모든 수단을 동원해야 한다고 말했다. 토머스 홉스(Thomas Hobbes, 1588~1679년)는 『리바이어던(Leviathan)』에서 만인에 대한 만인의 투쟁을 강조하고 리바이어던이라는 괴물(국가, 최고 통치자)의 손에 어쩔 수 없이 모든 권력을 이전하는 것은 필요악으로서 무정부 상태보다는 낫다고 주장했다. 에드워드 핼릿 카(Edward Hallett Carr)는 『20년간의 위기(Twenty Year's Crisis)』에서 전쟁은 이상주의의 근거 없는 낙관으로부터 비롯되는 것이라고 말했다. 라인홀드 니부어(Reinhold Niebuhr)는 『도덕적 인간, 비도덕적 사회(Moral Man and Immoral Society)』에서 인간의 이기심을 도덕과 이상으로 해결하려는 것은 어리석은 것이며, 이는 권력으로만 제어될 수 있다고 주장했다. 현실주의의 아버지라고 불리는 한스 모르겐타우(Hans Morgenthau)는 『국가들 간의 정치(Politics among Nations)』에서 권력투쟁이 인간 사회의 본질이라고 정의했다.

이상의 현실주의의 지적 전통을 살펴볼 때, 현실주의는 국제관계를 힘과 권력의 관점에서 설명하고 있으며 국제정치에서 국가는 유일한 행위자로서 국력의 극대화를 목적으로 행동한다고 강조한다. 또한 국제관계에서 모든 국가는 무정부 상태에 있다고 주장하는데, 이는 국제 차원의 정부, 즉 중앙의 강력한 권위체가 없기 때문에 국제사회는 약육강식의 자연상태와 같은 무정부 상태나 다름없다는 것이다. 그렇기 때문에 국가는 스스로를 지켜야 하며, 이를 위해서는 힘을 가져야 한다고 강조한다. 즉, 국가는 생존을 위해 '스스로 도와야(Self-Help, 스스로의 힘으로 해결)' 한다는 것이다. 현실주의자들은 국가가 안보 딜레마에 빠져 있다고 주장한다. 안보 딜레마란 국가가 힘을 갖기 위해 상대국가와 끊임없이 군비 경쟁을 벌일 수밖에 없는 상황, 즉 군비 경쟁을 멈출 수 없는 상황을 의미한다.

또한 현실주의에서는 동맹(Alliance)과 세력균형(Balance of Power)이 평화를 보장하는 중요한 체제라고 인식하는데, 동맹이란 국가 간 안전보장을 위해 군사적 지원을 약속하는 결합을 의미한다. 예를 들어 힘이 매우 강한 국가 A에 대해 상대적으로 힘이 약한 국가인 B와 C가 동맹을 맺음으로써 A에 공동으로 대응할 수 있는 힘을 갖게 된다. 이럴 때 A와 B, C 간의 세력균형이 형성됨으로써 평화가 유지되는 것은 물론 전쟁을 방지할 수 있다는 것으로, 이처럼 세력균형은 국제관계에서 서로 다른 세력 간에 힘의 균형이 이뤄지는 것을 의미한다. 동맹과 세력균형은 현실주의의 주된 접근법으로 현실주의는 힘으로써 힘을 제어할 수 있다고 주장하는 사조이다.

프레더릭 하르트만(Frederick Hartmann)이 분류한 세력균형의 4가지 유형을 보면 첫 번째, 뮌헨시대형은 현상을 파괴하려는 국가보다 현상을 유지하려는 국가가 월등한 힘을 가지고 있음에도 현상 유지국 간의 동맹이 서로의 이해관계 차이 때문에 약해짐으로써 현상 파괴국과 현상 유지국 간에 이뤄진 비정상적인 세력균형을 의미한다. 예를 들어 동맹 관계에 있던 영국과 프랑스가 독일보다 월등한 힘을 가지고 있었음에도 영국과 프랑스의 협력이 제대로 이뤄지지 못해 아돌프 히틀러(Adolf Hitler)의 등장을 막지 못했다는 것이다. 두 번째, 비스마르크형은 힘이 강한 한 국가에 대해 주변의 여러 국가가 동맹을 맺어 세력균형을 유지해 나가는 것을 의미한다. 예를 들어 19세기 말 독일의 오토 폰 비스마르크(Otto von Bismarck)는 힘이 커진 프랑스에 맞서기 위해 주변국들과 동맹을 맺어 유럽의 세력균형을 유지했다. 세 번째, 균형자형은 어느 정도 강한 힘을 가진 국가가 두 세력 사이에서 힘의 조정을 통해 균형을 이루는 것을 의미한다. 예를 들어 19세기 전반에 걸쳐 영국은 유럽 대륙에 강대국의 출현을 막는 외교 정책을 추진했는데, 이에 따라 영국은 균형자 입장에서 프랑스가 강해지면 독일을 지원하고 독일이 강해지면 프랑스를 지원함으로써 프랑스와 독일 어느 쪽도 대륙에서 패권을 차지하지 못하도록 세력균형을 유지했다. 네 번째, 냉전형은 냉전 시 미국과 소련 양대 진영의 대립처럼 두 세력이 직접 대결하는 형태의 세력균형을 말한다.

2) 신현실주의

신현실주의(Neo-Realism)는 현실주의에서 진일보하여 자유주의가 주장하는 국가 간 협력의 중요성을 수용한다. 그러나 현실주의의 기본 전제인 무정부적 상황에서 자조(自助)가 필요한 국제정치의 구조 때문에 국가는 자연히 눈앞의 이익에 매달릴 수밖에 없다고 주장한다. 즉, 협력을 통한 국제 평화라는 장기적 이익이 있다는 것을 알지만 어쩔 수 없이 단기적인 이득의 확보에 골몰할 수밖에 없다는 구조로, 사슴 사냥의 우화와 죄수의 딜레마가 이런 딜레마를 잘 묘사한다.

장 자크 루소(Jean Jacques Rouseau)의 '사슴 사냥의 우화'를 보면 5명의 배고픈 사냥꾼이 사슴을 잡기로 결정하고 사슴을 쫓는데 한 사냥꾼 앞에 토끼가 지나간다. 이 사냥꾼은 포위망을 풀지 않고 정상까지 올라가면 사슴을 잡을 수 있다는 것을 알고 있지만 다른 사냥꾼이 자신과 똑같은 상황에서 포위망을 이탈(배신)하고 토끼를 잡을 경우 토끼는 물론 사슴도 놓치게 되므로 우선 토끼를 쫓는다. 즉, 국가는 상대적 이익을 추구한다는 것이다. 현실주의에서는 가능한 한 많은 이익을 추구하는 절대적 이익이 중요시되지만, 신현실주의에서는 협력하되 상대적 이익을 추구한다는 점이 현실주의와 비교된다. 사슴 사냥의 우화에서처럼 약간의 이익일지라도 상대적 이익을 통해 만족하는 것이다.

'죄수의 딜레마'에서는 경찰에 체포된 공범 2명이 죄를 자백(배신)하지 않기로 서로 약속했다. 이들은 각각 분리된 방에서 조사를 받았고 자백하면 6개월의 단기형을 언도받을 수 있다는 말을 듣는다. 의리를 지킨다고 침묵(협력)하다가 다른 공범이 자백할 경우에는 10년형을 언도받게 된다. 상황이 이렇다면 이들은 자백할 수밖에 없다. 두 사람 모두 자백하지 않기로 한 약속을 지킨다면 이들은 2년형씩 언도받지만 다른 공범이 배신할 경우에는 10년형을 언도받을 수도 있다. 그러므로 공범 2명은 모두 자백을 선택한다는 것이다. 왜냐하면 어떤 경우의 수든 자백하면 10년형은 면하고 둘 다 자백할 경우에도 최대 5년형만 언도받기 때문이다.

사슴 사냥의 우화 및 죄수의 딜레마는 국제정치의 구조적인 딜레마를 잘 묘사한다. 국제정치에서 협력하는 것이 좋다는 것은 알지만 어쩔 수 없이 눈앞에 놓여 있는 상대적 이익을 선택할 수밖에 없는 신현실주의의 입장을 뒷받침해준다. 신현실주의의 대가로 알려진 케네스 왈츠(Kenneth Waltz)는 『국제정치이론(Theory of International Politics)』 및 『인간, 국가, 전쟁(Man, the State, and War)』에서 국제정치의 무정부성의 원인을 국가 간 힘의 분포가 나타나는 국제체제라는 구조적 차원에서 찾았다. 국가 간 힘의 분포에 따른 배열에서 각국은 상대적 이익을 지속적으로 추구함으로써 어떻게든 다른 국가보다 조금이라도 더 이익을 확보하여 자국의 배열을 변경하고자 한다는 것이다. 이와 같이 신현실주의는 체제, 구조, 힘의 분포 및 배열로서 설명된다.

국제체제의 구조와 관련해 왈츠는 냉전의 원인이 이념 대결과 같은 국가적 속성에 의한 것이 아니라 제2차 세계대전 후 만들어진 미소 양극체제의 결과에서 비롯됐다고 주장한다. 한편 로버트 길핀(Robert Gilpin)은 가장 안정된 구조는 양극체제가 아닌 하나의 지배적인 패권국가가 존재하는 단극(일극)체제라고 강조하면서, 패권국가가 국제정치에서 정부의 역할을 맡음으로써 무정부 상태인 국제정치의 약점을 극복하고 안정을 가져올 수 있다는 패권안정론을 주장한다. 아브라모 피모 케네스 오간스키(Abramo Fimo Kenneth Organski)는 패권을 가진 지배국가를 능가하는 도전국가가 나타날 경우 지배국가에서 도전국가로 세력 전이가 이뤄진다는 세력전이이론(Power Transition Theory)을 주장했다. 이와 관련해 조지 모델스키(George Modelski)는 장주기이론(Long Cycle Theory)을 제시했는데, 지배국가가 도전국가에 굴복함으로써 새로운 지배국가가 탄생할 경우 그 주기가 100년에서 120년 정도 된다고 주장했다.

3) 자유주의

자유주의(Liberalism)의 지적 전통과 관련해 고전주의 경제학파인 애덤 스미스(Adam Smith)는 국가 간 관계 역시 자유방임이 현명하다면서, 국제정치가 중앙 권위가 없는 무정부 상태이기는 하지만 국가 간의 관계가 보이지 않는 손에 의해 자연스럽게 조화를 이룬다고 주장했다. 이마누엘 칸트(Immanuel Kant)는 계몽주의에 기초하여, 평화를 확보하기 위해서는 우선 개인의 양심과 자유 그리고 시민 의식이 필수적이고 이를 토대로 전쟁을 사라지게 할 국가 간의 계약을 맺어야 한다고 주장했다. 제러미 벤담(Jeremy Bentham)은 국가가 문제 해결을 위해 전쟁에 의지하는 것을 막고자 국제조약의 필요성을 강조했다.

자유주의는 국제관계에서 국가를 유일한 행위자로 간주하지 않고 국제기구, 다국적 기업 등 다양한 행위자의 존재와 중요성을 강조한다. 즉, 현실주의를 국가라는 공으로만 꽉 찬 당구대에 비유한다면 자유주의는 국가는 물론 기업, 단체, 개인 등 여러 공이 들어 있는 당구대라고 볼 수 있다는 것이다. 자유주의는 제1차 세계대전을 겪은 후 평화를 갈망한 데서 비롯된 사조이다. 이상주의(Idealism)로 지칭되기도 하는데 이는 현실주의자인 에드워드 핼릿 카가 비난하여 붙인 명칭이다.

자유주의는 국가 간 이해관계의 조화와 평화가 가능하다고 보는 사조로서, 인간이 근본적으로 선하기 때문에 협력할 수 있으며 국가 간의 행동을 규제할 수 있는 세계 차원의 정부를 통해 국제적인 문제가 해결될 수 있다고 주장한다. 이와 관련해 미국의 토머스 우드로 윌슨(Thomas Woodrow Wilson) 대통령은 제1차 세계대전의 가장 중요한 원인이 세력균형, 동맹, 비밀외교 등에서 비롯됐음을 지적하고 국제 평화를 위해 집단안보체제(Collective Security System)를 구성해야 한다고 주장했다. 이에 따라 제1차 세계대전이 끝난 후 국제연맹이 창설됐다.

따라서 자유주의와 현실주의를 비교할 때 현실주의는 국제정치에서 가장 중요하고 유일한 행위자로 국가를 지적하면서 국가의 생존과 관련된 국가안보를 무엇보다 우선시한다. 이에 비해 자유주의는 국가 이외에 다양한 행위자가 존재한다고 지적하면서 국가는 항상 이익만을 위해 움직이는 존재가 아니며 국가안보 외에도 경제·사회·문화 등 다양한 이슈를 갖고 있으며 이들 역시 모두 중요하다고 주장한다.

4) 신자유주의

1980년대 중반 소련의 미하일 고르바초프(Mikhail Gorbachev)의 등장으로 국제 정세가 급격하게 변화되면서 미국과 소련의 군축 협력 등 국가 간 협력 가능성이 그 어느 때보다 높아졌다. 이때 나타난 자유주의 경향을 기존의 자유주의와 비교하여 신자유주의(Neo-Liberalism)라고 칭하는데, 신자유주의는 국가를 국제정치의 중요한 행위자로 보고 무정부 상태가 국가 행동에 영향을 미친다는 점을 인정한다. 신현실주의가 자유주의에서 주장하는 협력의 중요성을 인정한 것과 같이 신자유주의 역시 현실주의가 주장하는 국가와 힘의 중요성을 수용한다. 단, 신현실주의가 보는 무정부성은 변화가 거의 불가능한 구조이지만 신자유주의의 해석에 의하면 무정부성은 변화가 어렵기는 해도 아주 불가능하지만은 않다.

신자유주의는 자유주의처럼 협력을 강조하지만 국제 레짐에 의해 국가 간 협력을 제도화하여 각국이 협력할 수밖에 없도록 만든다는 데 차이가 있다. 따라서 신자유주의는 국제 레짐과 국제 제도가 국가의 행동에 영향을 미침으로써 국가 간 협력을 강화하고 상호 의존으로 이끈다고 주장한다. 레짐(Regime)이란 특정 이슈에 대한 협상 결과로서의 질서, 규칙 및 제도를 의미하는 것으로, 여러 행위자 간의 협상을 통해 협력하기로 약속한 합의이며 상호 의존 배경에서 갈등을 관리하기 위한 규제 장치이다.

예를 들어 부분핵실험금지조약은 안보 레짐이고, 생물 다양성에 관한 포괄적 협약은 환경 레짐이며, 국제통화기금(IMF)은 경제 레짐이다.

신자유주의는 국제 제도를 통해 신현실주의에서 말하는 배반의 문제를 해결할 수 있으며 국제 협력이 제도화되면 국가 간 협력이 지속될 수 있다고 주장한다. 사슴 사냥 우화를 예로 들면, 어느 사냥꾼이 사슴 대신 토끼를 선택하고 동료들을 배신한다면 그는 이후 다른 사냥에 참여할 기회를 박탈당한다는 것이다. 죄수의 딜레마의 경우도 그런 상황이 일회적이라면 공범들끼리 서로를 배신할 가능성이 있다. 그러나 만약 그런 상황이 반복된다고 가정하면 공범들이 교도소에서 나와 다시 만나게 됐을 때를 생각하지 않을 수 없다는 것이다. 이처럼 신자유주의는 전통적인 자유주의보다는 좀 더 과학적이고 분석적인 방법을 통해 실현 가능한 협력의 조건을 찾아내려고 노력한다.

앞서 살펴본 현실주의, 신현실주의, 자유주의, 신자유주의를 힘과 협력 그리고 이익의 측면에서 다시 정리해보면 현실주의는 힘이 클수록 좋다는 절대적 이익을 추구하는 데 비해, 신현실주의는 협력의 중요성을 수용하여 협력해 나가되 상대방보다는 조금이라도 더 많은 힘을 갖기 위해 상대적 이익을 추구한다. 한편 자유주의는 협력을 통한 상호 이익을 강조하는 데 비해, 신자유주의는 국제 레짐과 국제 제도를 통해 협력할 수밖에 없는 상호 의존 상황에서 이익을 추구하는 것으로 요약할 수 있다.

5) 구조주의

구조주의(Structuralism)는 국가 간 경제적인 불평등 문제가 왜 존재하는지, 특히 제3세계의 빈곤 문제가 왜 발생하는지 등 구조적 문제에 관심을 갖고 자본주의체제의 모순적 구조를 지적한다. 즉, 국제사회를 부유한 국가와 빈곤한 국가 간의 지배-종속이라는 구조적 관계로 보는 것이다. 구조주의자들은 현실주의자나 자유주의자들이 관심을 기울이고 있는 전쟁과 평화 같은 이슈는 단지 겉으로 드러나는 현상일 뿐이며, 정말 중요한 것은 경제적인 문제라고 강조한다. 안보 위협은 결국 자본주의로 인한 불평등에서 기인하는 것이고 자유주의자들이 추구하는 협력과 평화는 강대국과 다국적 기업의 이익만을 대변하는 데 불과하므로 진정한 평화는 경제적 불평등을 해결해야만 가능하다고 주장한다.

구조주의의 지적 전통은 자본주의를 비판한 카를 마르크스(Karl Marx)의 사상에서 비롯된다. 구조주의이론은 공통적으로 지배와 종속, 착취와 피착취, 계급투쟁을 주장하고, 마르크스의 역사관인 노동자 생존을 위한 폭력혁명과 이에 따른 자본주의의 종말을 내세운다. 이와 관련해 다음에서는 구조주의에 해당하는 제국주의이론, 종속이론, 세계체제론을 살펴보고자 한다.

제국주의이론(Imperialism)은 러시아의 마르크스주의 사상가이자 혁명가인 블라디미르 레닌(Vladimir Lenin)이 주장했다. 그는 마르크스의 예언처럼 자본주의 제국에서 노동자에 의한 폭력혁명이 발생하지 않는 점에 주목했다. 즉, 자본주의 제국에서 기술 발달에 따른 대량생산으로 노동자들이 해고되고 자본가들 역시 경쟁으로 인해 일부만 살아남는 독점자본주의체제에서 국내시장의 포화에 따라 실업 상태가 더욱 심각해지면, 노동자들이 더 이상의 억압을 참지 못하고 생존을 위한 폭력혁명을 일으켜 자본주의가 종말을 고해야 하는데 실상은 그렇지 않았다는 것이다. 이와 관련해 레닌이 찾아낸 답은 자본주의 제국이 국내 잉여 생산물을 식민지에 판매함으로써 국내시장의 포화를 해결한다는 것이다.

그러나 레닌은 자본주의 제국이 결국 국내시장 문제를 해결하기 위해 식민지 쟁탈전이라는 제국주의 전쟁을 벌이고 이로써 자본주의가 붕괴되어 필연적으로 사회주의가 건설된다고 주장했다. 레닌은 『제국주의, 자본주의의 최고의 단계(Imperialism, the Highest Stage of Capitalism)』에서 책 제목이 시사하는 것처럼 자본주의체제의 모순을 국가 간 경제적 불평등 구조라는 측면에서 모색하고, 제국주의를 자본주의의 최고 단계로 규정했다. 즉, 레닌의 자본주의 발전 단계는 '독점자본주의 발생 → 국내시장 포화 → 해외시장 개척 → 제국주의 전쟁 → 자본주의 붕괴와 사회주의 완성'이라는 수순을 밟는다.

종속이론(Dependency Theory)은 1950~1960년대 남미를 중심으로 처음 등장했는데, 주로 원료를 수출하는 주변부(Periphery)와 완제품을 수출하는 중심부(Core) 간에 구조적으로 불평등한 조건이 존재한다는 것으로, 이러한 근본적인 세계경제 구조의 불평등이 저발전의 원인이라고 말한다. 세계경제의 구성은 선진국으로 이뤄진 중심부 국가들이 후진국으로 구성된 주변부 국가들을 식민지로 만들어 착취하는 구조라는 것이다. 즉, 중심부의 발전은 주변부의 저발전 결과로 이뤄진 것이라는 이야기이다. 종속이론을 주장하는 학파는 온건파와 급진파로 나눠지는데 온건파는 발전 가능성을 믿으며 수입대체산업정책을 통한 공업화를 추진하고 유엔무역개발회의(UNCTAD)를 결성하여 제도권 내 변혁을 추구했다. 반면 급진파는 저발전이 후진국에 대한 선진국의 착취와 이로 인한 종속구조 때문에 발생한 문제이므로, 이에 대한 해결은 구조 내에서는 불가능하고 결국 구조를 뒤엎는 혁명으로만 가능하다고 주장했다. 그러나 종속이론은 한국과 같은 주변부의 후진국이 선진국 대열에 진입하면서 그 빛을 잃을 수밖에 없었고 죽은 이론이 되고 말았다. 한때 종속이론의 대가였던 페르난두 카르도주(Fernando Cardoso)는 브라질 군정 말기에 망명에서 돌아와 대통령을 연임(1995~2002년)하고 종속이론의 사망을 선언했다.

세계체제론(World System Theory)을 주장한 사람은 이매뉴얼 월러스틴(Immanuel Wallerstein)이다. 그는 기존의 중심부, 주변부 이외에 반주변부 개념을 도입했다. 그는 한국의 경제 발전을 반주변부 개념을 통해 설명했다. 그가 설정한 반주변부는 중심부에 의해 착취당하면서도 어느 정도의 경쟁력과 자율성을 갖고 주변부를 이용하여 이득을 취한다. 월러스틴은 주변부가 저발전을 극복하고 발전을 이뤄 반주변부로 올라설 수 있다는 희망을 제공하고 이를 이론화했다. 즉, 주변부가 노력하면 반주변부는 물론 중심부에 진입할 수 있는데, 한국의 경우가 이에 해당한다는 것이다. 또 이와 반대로 중심부는 반주변부로 떨어질 수도 있음을 제시했다. 월러스틴은 마르크스주의적 관점을 세계적인 체제를 통해 설명하려 했으며 자신의 주장을 스스로 세계체제론이라고 지칭했다. 그는 종속이론이 주변부와 저발전 연구에 초점을 맞춘 반면, 세계체제론은 후진국뿐만 아니라 전 세계 모든 지역의 정치·경제·사회 발전을 저발전을 통해 이해하려고 시도한 것이 차이점이라고 설명했다.

한편 구조주의는 각 국가의 역할과 정책적 변수, 국내 정책의 역할을 지나치게 무시하는 경향이 있으며 제3세계의 저발전 원인을 모두 자본주의나 선진국의 탓으로만 돌리는 경향이 크다고 비판받는다. 또한 구조주의는 소련 등 사회주의권의 몰락으로 현실주의와 자유주의에 비해 설득력이 떨어지는 것은 물론 대안으로서의 주류 이론은 아니다. 또한 마르크스주의를 바탕으로 하고 있다는 점에서 한국의 권위주의 시절에는 금기시되기도 했다. 그러나 경제문제를 부각시키면서 후진국 관점에서 자본주의로 인한 국가 간 불평등을 지적하고 경제문제를 통해 국제체제를 이해하려고 시도했다는 점에서는 나름대로 의의가 있다.

6) 국제사회이론

마틴 와이트(Martin Wight)와 헤들리 불(Hedley Bull) 등이 주도한 영국학파(The English School)는 미국 중심의 국제정치 분석에 이의를 제기했다. 이들은 미국식의 과학적이고 논리적인 행태주의 접근 방법이 아니라 인간의 이해·판단·규범·가치와 역사에 바탕을 둔 서구의 전통적인 방법을 강조했다. 즉, 영국 학파는 미국 학계가 현실주의와 자유주의를 너무 흑백논리로 분리한다고 비판하면서 현실주의와 자유주의를 통합하려는 노력을 전개하고 국제사회이론(International Society Theory)을 제시했다.

국제사회이론은 현실주의의 핵심인 힘과 권력의 중요성을 인정하고 국가가 가장 중요한 행위자라는 것을 받아들이면서도 국제정치를 질서와 규칙이 존재하지 않는 만인의 투쟁으로 보는 현실주의의 관점을 거부하고 법이나 규범 역시 중요한 역할을 한다고 주장한다. 국제사회이론은 국제 체계에 권력이 있는 동시에 법도 존재하고, 분쟁도 있지만 협력도 있으며, 국가도 있지만 개인도 존재함으로써 국제사회의 형성이 가능하다고 말한다.

그리고 이러한 예를 가장 잘 보여주는 것이 유엔이라고 강조한다. 유엔에서 총회는 강대국이든 강대국이 아니든 일국 일표를 행사하는 반면, 안보리에서 상임이사국은 거부권 행사를 통해 강대국의 권력을 반영한다. 유엔의 이런 모습이야말로 권력과 법이 공존하는 국제사회의 단면을 잘 반영하고 있다는 것이다. 한편 국제사회이론은 기존 이론 체계에 대한 새로운 대안이라기보다는 절충에 불과하다는 비판을 받기도 한다.

7) 구성주의

알렉산더 웬트(Alexander Wendt)는 1992년 「무정부 상태는 국가들의 인식에 따른 것이다(Anarchy is what states make of it)」를 통해 국제정치의 무정부 상태는 주어진 것이 아니라 국가가 만드는 측면이 강하다고 강조했다. 무정부 상태는 숙명적으로 주어진 것이 아니라 행위자가 그것을 어떻게 인식하느냐에 따라 성격이 달라진다고 주장한 것이다. 제2차 세계대전이 끝난 후 영국의 윈스턴 처칠(Winston Churchill) 수상이 소련을 철의 장막으로 규정한 것이 냉전 구조를 형성한 원인 중 하나라는 것이다. 즉, 냉전은 미국과 소련이 서로를 적대시하고 위협적으로 느끼는 인식 구조에서 비롯됐다는 것이다. 탈냉전 역시 소련의 고르바초프가 개방 개혁이라는 새로운 인식의 지평을 열었기 때문에 가능했다는 것이 구성주의(Constructivism) 시각이다. 구성주의는 행위자의 인식에 따라 정체성이 변경될 수 있다고 여기며, 이와 함께 그 진행 과정을 중요시한다.

미국 등 서방국가는 영국의 전력 강화에는 우려를 표시하지 않지만 북한의 핵개발에 대해서는 크게 우려한다. 이는 북한의 핵능력보다는 핵개발 자체를 위협으로 인식하기 때문인데, 신뢰할 수 없는 북한의 정체성이 그 이유라는 것이다. 또한 한국 등이 일본의 군사력 증강에 우려를 표명하는 것은 일본이 지속적인 역사 왜곡 등으로 주변 국가에 신뢰를 주지 못해서 위협을 느끼기 때문이라는 것이다. 이와 같이 구성주의는 국제정치를 힘의 관점에서 설명하려는 현실주의와는 달리, 힘이란 행위자의 인식에서 비롯된 구성적 산물로서 물리적인 힘보다는 그에 대한 인식이 국제정치에 보다 더 큰 영향력을 미친다고 주장한다. 즉, 행위자가 어떻게 인식하느냐에 따라 국제정치의 방향이 달라진다는 것이다.

한편 구성주의는 인과관계보다 상관관계에 몰두해 추상적일 뿐 아니라 명확한 설명을 하지 못해 이론화에 미흡하다는 지적을 받기도 한다.

8) 게임이론

게임은 이기기 위해서 하는 것이다. 운동경기의 경우도 경기 규칙을 지키는 가운데 상대방에게 이길 수 있는 합리적인 전략을 선택한다. 만일 내가 게임의 참가자라면 나와 게임하는 상대방, 즉 경쟁자가 있기 마련이며 이에 따라 경쟁자에 맞게 대응해 나가면서 나의 이익을 극대화시킨다. 따라서 게임이론(Game Theory)은 상대방의 대처 행동을 고려하면서 자신의 최대 이익을 달성하기 위해 합리적인 수단을 선택하는 것으로 정의할 수 있다. 이와 관련해 주요 게임이론에 대해 살펴보도록 하자.

제로섬 게임(Zero Sum Game)은 게임에서 승자가 이긴 만큼 패자가 지는 것으로 승자의 이익과 패자의 손실을 합하면 0이 되기 때문에 붙은 이름이다. 바둑과 축구의 예처럼 이긴 점수만큼 상대측이 지는 것으로 둘을 합하면 제로, 즉 0이 된다. 넌제로섬 게임(Non Zero Sum Game)은 승자의 이익과 패자의 손실의 합이 제로가 안 되는 경우를 의미하는데, 게임 참가자 모두에게 이익이 되는 포지티브섬 게임(Positive Sum Game) 또는 게임 참가자 양측에게 손실을 가져오는 네거티브섬 게임(Negative Sum Game)의 결과가 나올 수 있다. 이와 관련해 국제정치에서는 제로섬 게임보다는 넌제로섬 게임이 많이 적용된다.

치킨 게임은 어느 한쪽도 양보하지 않고 극단적으로 치닫는 게임을 일컫는다. 냉전 시 미국과 소련의 극심한 핵무기 경쟁이 치킨 게임에 비유된다. 이 게임은 도로 양쪽에서 두 명의 경쟁자가 차를 몰고 정면으로 돌진하다가 충돌 직전에 먼저 핸들을 꺾는 자가 겁쟁이(Chicken), 즉 패자가 되는 것이다. 국제정치학적으로는 강자가 핸들을 꺾게 마련으로, 보통 약자에게 유리한 게임으로 인식된다. 이와 관련해 북한이 미국에 대해 벌이는 핵무기 게임이 치킨 게임에 비유되기도 한다. 치킨 게임과 유사한 개념으로는 벼랑 끝 전술과 고슴도치이론을 들 수 있다. 벼랑 끝 전술은 벼랑 끝에서 죽기 살기로 덤비는 것이고, 고슴도치이론은 호랑이가 고슴도치를 공격하면 이기기는 하겠지만 고슴도치의 가시 때문에 다칠 수도 있으므로 공격을 삼간다는 것이다. 즉, 강대국이 이익보다 손실이 크다고 판단하면 약소국에 대한 공격을 삼갈 것이므로 약소국은 안전하다는 논리이다.

경제적으로 치킨 게임은 상대가 무너질 때까지 계속되는 출혈경쟁(양보 없는 경쟁)으로 전개되는데, 한국 반도체업계가 세계 반도체업계와의 치킨 게임에서 승리해 독주체제를 갖춰가고 있다는 뉴스가 보도되기도 했다.

또 어느 TV 드라마의 등장인물은 대통령 후보로 나선 2명이 서로 끝없는 폭로전을 전개해 나가는 상황을 치킨 게임에 비유하기도 했다. 이처럼 치킨 게임이라는 용어는 드라마나 언론에도 등장할 만큼 일반적이 되었다.

한편 설득 게임은 어려운 상황에서도 대화와 설득으로 문제를 해결하는 것이다. 2010년 부산에서 발생한 여중생 납치살인사건을 예로 들 수 있는데, 체포된 용의자가 계속 범행을 부인하면서 자백을 거부하자 베테랑 형사는 용의자의 이야기에 귀를 기울이는 교감 전략으로 그를 회유시켰다. 그리고 범인이 마음을 열고 이야기를 풀어내자 그의 이야기 중에서 앞뒤가 안 맞는 결정적인 대목에 대해 공박하여 자백을 유도해냈다.

9) 민주평화론

민주평화론(Democratic Peace Theory)은 18세기 계몽주의와 칸트의 영구평화론에서 유래한다. 계몽주의 정치사상가들은 인간 이성에 근거한 합리주의를 강조했으며 당시 일반 대중의 저항 정신을 각성시키고 사회악 비판 및 개혁을 주장함으로써 미국 혁명(1776년)과 프랑스 혁명(1789년)에 영향을 주었다. 칸트는 군주제보다는 시민의 자유와 의사가 반영된 공화제가 바람직하고 국가 간 자유무역의 증진을 통해 전쟁 가능성을 감소시킬 수 있으며, 특히 공화제국가 간 연방을 수립함으로써 전쟁을 방지하고 영구 평화를 이룰 수 있다고 주장했다. 여기서 공화제국가란 민주주의국가를 지칭한다.

민주평화론은 전쟁과 민주주의에 관한 자료를 통계적으로 분석·도출해 낸 경험적 규칙성에 근거하는데, 데이비드 싱어(David Singer)는 전쟁 관련 자료를, 테드 거(Ted Gurr)는 민주주의 측정 자료를 통계적으로 분석하여 민주평화론의 핵심 명제를 도출해냈다. 즉, '민주주의국가들은 서로 전쟁을 하지 않는다'와 '민주주의국가도 비민주주의국가와는 전쟁을 한다'는 것이다. 세계 전쟁 역사상 1816년에서 1991년까지 353건의 전쟁이 있었는데, 이 중 민주주의국가 간의 전쟁은 한 건도 없었으며 155건의 전쟁은 민주주의국가와 비민주주의국가의 전쟁이었고 198건의 전쟁은 비민주주의국가 간의 전쟁이었다고 한다. 민주평화론은 미국의 민주주의 확산 정책의 토대가 되는 이론으로서, 민주주의국가가 늘어날수록 국제사회에서 전쟁 가능성이 그만큼 줄어든다고 주장한다.

...04

21세기 국제질서의 특징

1. 국제질서란?

　질서의 사전적 의미는 '혼란 없이 순조롭게 이뤄지도록 하는 사물의 순서나 차례'이다. 일반적으로 질서는 혼돈, 불안정, 예측 불허와 대비되는 말로서 안정, 평화, 예측 가능이라는 의미가 있다. 질서는 인간과 사회가 존재하는 한 꼭 필요한 요소이다. 질서가 존재하지 않는 사회는 지극히 혼란스러울 것이다. 인간이 다른 동물과 다른 점은 이성을 가지고 합리적으로 판단하며 질서를 지키고 살아간다는 것이다. 이와 관련해 헤들리 불은 질서란 인간관계나 집단 관계에서 나타나는 현상으로 어떠한 목표와 가치를 증진시키는 것이라고 정의했다.
　이런 질서는 국가 간의 국제정치는 물론 비정부기구(NGO)를 포함한 국제기구, 개인, 다국적 기업이 함께 어울려 살아가는 국제사회 전반에 존재하며 꼭 필요한 요소이다. 국제사회가 존재하는 한 질서가 존재한다고 볼 수 있으며, 따라서 국제질서(International Order)란 좁게는 국가 간 규칙에 의해 관리되는 상호작용을 유지하는 것으로 정의되고 넓게는 국가뿐 아니라 국제사회의 모든 행위자 간 상호작용을 유지하는 것으로 정의된다.

국제질서를 이해하기 위한 대표적인 이론으로는 세력균형이론과 패권안정이론이 있는데, 세력균형이론은 앞 장에서 살펴본 것처럼 세력균형에 의해 국제질서가 유지된다는 것이다. 이에 비해 패권안정이론은 문자 그대로 패권국에 의해 국제질서가 유지되는 것을 의미한다. 세력균형이론은 소련의 붕괴로 미국과 소련 사이의 세력균형이 깨졌음에도 전쟁이 발생하지 않음으로써 탈냉전 당시의 국제체제를 설명하기에 부족하다고 지적된다. 한편 패권안정이론은 냉전 종식 이후 미국의 패권을 중심으로 한 국제질서 재편 과정을 비교적 잘 설명하는 것으로 평가받는다. 패권안정이론은 패권국이 국제질서를 확립하는 데 필요한 게임의 법칙을 제공하면서 질서를 유지해 나가는 것으로 제5장 '동북아 안보와 한반도'에서 동북아 안보 정세 연구의 이론적 배경을 설명할 때 다시 다룰 것이다.

2. 안보적 관점에서 본 21세기 국제질서의 특징

안보적 관점에서 볼 때 21세기 국제질서의 특징으로는 미국의 패권, 세계화, 정보화, 국제 테러리즘의 확산 4가지를 열거할 수 있다. 이 4가지는 국제질서를 유지하는 요인이 되는 한편, 질서 불안의 요인으로도 작용한다.

1) 미국의 패권

(1) 미국 패권체제에 대한 논란

탈냉전 이후의 국제체제는 미국 중심의 단극 또는 일극체제인가? 아니면 유럽연합·일본·중국·러시아가 포함된 다극체제인가? 현 국제체제가 미국 중심의 패권체제라고 할 때 앞으로 미국이 패권국의 위상을 계속 유지할 수 있을까?

1980년대 말 폴 케네디(Paul Kennedy)는 『강대국의 흥망(The Rise and Fall of the Great Powers)』에서 로마제국을 비롯한 패권국가들처럼 미국의 패권도 쇠퇴할 것이라고 주장했다. 반면 1999년 ≪이코노미스트(Economist)≫는 미국은 지구 위에 걸터앉은 거대한 괴수와 같아 지구촌의 비즈니스, 상거래, 통신을 지배하고 있고 또한 경제 부문에서도 세계에서 가장 큰 성공을 거두고 있으며 군사력에서는 필적할 국가가 없다고 강조했다. 즈비그뉴 브레진스키(Zbigniew Brzezinski)는 『거대한 체스판(The Grand Chessboard)』(1997)에서 당분간 미국의 힘을 능가할 국가는 출현할 수 없으며 미국의 영향력과 힘은 오래 지속될 것이라고 역설했다. 조지프 나이는 21세기에 미국을 능가하는 국가는 없으나 미국이 군사력에만 신경을 쓴다면 쇠퇴할 것이라고 말했다. 한편 새뮤얼 헌팅턴(Samuel Huntington)은 『문명의 충돌(The Clash of Civilization and the Remaking of World Order)』(1996)에서 세계질서가 미국과 다른 강대국들의 협력을 바탕으로 단일다극체제(Uni-multipolar)로 변화되어갈 것이라고 주장했다. 이렇듯 미국의 패권 지속 여부에 대한 전망과 관련해 미국 학자들 간에도 이견이 존재한다. 그러나 탈냉전 이후 현 국제질서가 유일 초강대국인 미국의 패권체제 아래 있다는 것은 분명하다.

미국은 군사 혁신에 따른 강력한 군사력을 갖추고 있기 때문에 전체 국민총생산(GNP)의 3.5% 정도에 불과한 군사비를 지출하고도 군사력 분야에서 압도적인 우위를 견지하고 있다. 2009년 미국의 국방예산은 6,903억 달러로서 이는 중국 780억 달러, 프랑스 672억 달러, 영국 608억 달러, 독일 469억 달러, 일본 456억 달러, 사우디 412억 달러, 러시아 411억 달러, 한국 245억 달러 등과 크게 비교된다.

한편 경제적 차원에서 유럽연합의 경제력 규모는 미국과 거의 비슷한 수준이고, 특히 중국이 2010년 국민총생산 규모에서 일본을 제치고 미국 다음의 G-2로 부상했다. 이에 따라 미국의 패권 능력은 대체로 군사력에 한정된 것으로 여겨지며 중국이 국민총생산 규모에서 머지않아 미국을 추월할 것으로 예상된다. 하지만 거대한 인구를 바탕으로 한 중국의 경제성장은 한계를 내포하고 있다. 사회주의국가로서의 한계와 더불어 21세기 세계화·정보화 시대의 국력을 나타내는 주요 요소인 과학기술, 금융 동원 능력, 정보화 측면에서 중국이 미국을 쉽게 따라잡기는 힘들 것이라는 점에서 큰 변수가 없는 한 미국의 패권은 상당 기간 지속될 것으로 예상된다.

(2) 미국의 패권주의 정책과 국제질서의 불안정

미국은 패권안정이론에 바탕을 두고 국제사회에서 패권적 지위를 유지하기 위해 군사력을 지속적으로 강화하고 있으며 이에 영향을 받아 각 국가들 또한 군사력 강화를 추진하고 있는데, 2009년 전 세계의 군비지출액은 1조 5,000억 달러 수준으로 이는 10년 전에 비해 50% 정도 늘어난 수치이다. 미국을 비롯한 전 세계 국가들의 이 같은 군비 증강은 국제질서를 불안정하게 만드는 요인이 되고 있으며, 현재 세계적인 흐름이 신자유주의를 바탕으로 한 국제 협력을 강조하고 있으나 군사안보 측면에서는 여전히 현실주의가 우세함을 보여준다.

미국 본토가 최초로 공격받은 9·11 테러 이후 미국이 전개 중인 공세적인 안보 정책은 국제질서를 불안하게 하는 또 다른 요인이다. 미국은 자국 본토에 대한 공격 재발을 방지하고자 선제공격을 불사한다는 입장과 함께 테러 근절, 대량살상무기 확산 저지 및 미사일 방어(MD) 계획을 추진하는 한편, 에너지 자원 확보 차원에서 중동과 중앙아시아 지역에 대한 영향력 확대를 추구하고 있다.

한편 패권국 미국에 대한 비판도 제기되고 있는데, 이는 미국이 지구온난화 방지를 위해 온실가스의 감축 의무를 규정한 교토협약을 탈퇴(2001년)하는 등 국제적 규범과 제도를 무시하는 일방주의 경향을 보인 데 따른 것이다. 이러한 미국의 일방주의적 경향 역시 국제질서의 불안정을 초래하는 요인이다.

2) 세계화

(1) 개념과 모습

세계화(Globalization)는 세계가 하나의 규범과 기준, 이념, 기호, 가치관을 갖게 되는 현상이다. 예를 들어 세계무역기구(WTO)의 관점에서 세계화란 각국의 보호무역을 철폐하고 세계적 기준에 의거하여 자유무역을 실시하는 것이다. 만일 한국 정부가 농민을 지원하기 위해 시장가격보다 높은 값으로 쌀을 사들여 일종의 보조금을 지급한다면 이는 세계무역기구의 입장에서 보호무역적 조치로 간주된다. 따라서 세계화는 지구 한 부분에서의 결정이 모든 사람의 일상생활에 영향을 미치게 되는 것을 의미한다. 즉, 전 세계의 인적·물적 교류가 활발해짐으로써 서로의 삶에 영향을 미치고 지구촌이 하나의 네트워크로 재편되는 현상을 말한다. 이와 같이 세계화는 시장 논리를 최고로 여기고 경쟁력을 지상 최대 목표로 삼는 신자유주의적 이데올로기를 근간으로 하며, 전 세계가 공통된 기준에 의해 지구촌이라는 하나의 사회를 형성해 나가는 것을 의미한다.

현재 진행 중인 세계화의 모습을 살펴보면 일본의 소니(SONY)는 가격 경쟁에서 살아남기 위해 임금이 싼 타이, 필리핀 등지에서 제품을 생산한다. 물론 이처럼 아웃소싱(Outsourcing)을 통해 해외에서 조달되는 것은 비핵심 부품이며 핵심 부품은 본국에서 생산된다. 또한 자본의 국제화 흐름이 가속화되고 있고 전 세계적으로 하루에도 수조 달러 이상이 거래된다. 예를 들어 한국의 어느 투자자는 자신의 집에서 홍콩의 은행 계좌로 돈을 찾아 영국의 증권시장에 보낸 다음 남아공 기업에 투자할 수 있는데 이는 금융의 세계화를 드러내는 한 단면이다. 이러한 모습은 인터넷 등 통신 매체의 발달로 가능해졌으며, 문화의 세계화 측면에서도 통신 매체의 발달로 한 지역의 문화가 다른 지역으로 쉽게 전파되어 유행하고 있음을 알 수 있다. 국내 청소년들에게 큰 인기를 얻은 한국 아이돌(Idol) 가수들이 프랑스 등 유럽 청소년들에게도 인기를 얻고 있는 것이 그 예이다.

(2) 세계화의 양면성과 세계화에 대한 저항

세계화의 긍정적인 측면은 경쟁을 통해 효율을 극대화시키는 데 초점을 맞춘다는 것이다. 세계시장이 하나로 통합됨으로써 생산자는 이익을 극대화할 수 있고 소비자는 값싸고 질 좋은 물건을 접할 수 있다. 또한 인적·물적 교류가 확대되고 자원이 효율적으로 배분되며 개도국의 경제성장이 촉진됨은 물론 민주주의가 전파된다. 그리고 환경·인권·평화가 증진되고 문화 다원주의가 발달한다.

기자 출신으로 《뉴욕타임스(The New York Times)》의 칼럼니스트이자 국제 문제 전문가인 토머스 프리드먼(Thomas Friedman)은 『렉서스와 올리브나무(The Lexus and the Olive Tree)』(1999)에서 세계화에 대해 비교적 쉽게 잘 설명하고 있는데, 예를 들어 '분쟁 방지에 관한 골든아치이론'을 통해 세계화가 분쟁 방지에 기여한다고 주장하면서 세계화의 긍정적인 측면을 강조한다. 그의 주장에 의하면 맥도널드 햄버거 체인점이 있는 국가들 사이에서는 전쟁이 일어난 경우가 없는데, 한 국가가 경제 발전 과정에서 맥도널드 햄버거점이 들어설 정도로 중산층이 두터워지는 단계에 이르면 그 국가는 맥도널드 국가가 되는 것이다. 그리고 맥도널드 국가의 국민들은 더 이상 전쟁을 원치 않으며 전쟁보다는 햄버거를 구입하기 위해 줄 서는 것을 선호한다는 것이다. 골든아치(Golden Arch)는 맥도널드 햄버거의 로고인 황금색 글자 M을 가리킨다.

한편 세계화의 부정적인 측면으로는 대외 의존도 심화, 주권 침해, 국가 간 또는 계층 간 소득의 양극화 심화, 외국자본의 횡포, 선진국의 지배 강화, 환경 파괴 등이 지적된다. 경쟁력이 강한 개인, 기업, 국가 들만이 살아남아 이들에게 부가 집중됨으로써 경제적 불평등이 초래된다는 것이다. 개도국은 선진국의 거센 개방 압력을 수용하지만 불안한 금융시장 때문에 경제위기를 겪는데, 즉 외환시장의 자유화로 개도국에 외환위기가 초래된다는 것이다. 1997년 한국의 IMF 경제위기를 비롯해 아시아, 남미 각국의 경제·금융위기가 세계화의 영향에 따른 것으로 분석된다. 한편 문화 제국주의와 문화 종속이 우려되기도 하는데 이는 기호, 소비 유형, 가치관의 동질화 현상을 의미한다. 예를 들어 할리우드 영화를 접할수록 은연중에 미국적 가치관에 동질화되면서 문화적으로 종속된다는 것이다.

한편 세계화에 대한 저항, 즉 반세계화운동과 관련해 어느 국가에서든 국제회의가 열리는 장소에서는 세계화를 반대하는 시위가 수시로 발생한다. 자유무역에 따른 농산물 시장의 개방을 반대하는 시위가 세계무역기구 회의장 밖에서 일어나기도 하고, 1994년 멕시코에서는 북미자유무역협정(NAFTA) 발표에 반대해 사파티스타 봉기가 발생했다.

(3) 세계화와 안보

세계화로 국경이 허물어짐에 따라 모든 국가가 안보 측면에서는 더욱 취약한 환경에 놓이게 됐다. 이것은 세계화의 부정적 측면의 연장선에서 생각해볼 수 있는 문제로, 신종플루와 같은 전염병은 순식간에 다른 국가로 확산되는 등 초국가적 안보 위험을 야기한다. 또한 불순한 의도를 가진 국가와 집단이 핵무기 등의 대량살상무기를 획득할 가능성이 높아지면서 이와 같은 테러 집단은 물론 해적 등 범죄 조직이 안보에 심각한 위협이 되고 있다.

한편 세계화에 따라 국가 간 상호 의존이 심화된다. 세계화 시대에 국가 간 무역 및 금융 등의 경제 교류가 확대되면서 경제적 상호 의존성이 증가한다는 것이다. 그러나 이런 상호 의존이 심화될수록 경제안보는 더욱더 위협을 받을 수 있다. 미국의 국제정치학자 조지프 나이와 로버트 커헤인(Robert Keohane)은 상호 의존을 설명하는 2가지 척도로 민감성(Sensitivity)과 취약성(Vulnerability)을 지적했다. 민감성은 어떤 외부적 변화에 따른 비용을, 취약성은 외부적 변화에 대해 정책 대안이 마련될 때까지 치러야 하는 비용을 의미한다. 가령 석유 자원의 해외 의존도가 50%인 A와 B라는 국가가 있다면 이들은 국제 유가 인상이라는 외부적 변화에 똑같은 민감성을 나타낸다. 그러나 외부적 변화에 따른 정책 대안 마련에서 A가 B보다 석유 자원과 대체 가능한 자원을 쉽게 확보할 수 있다면 A의 취약성은 B보다 낮다. 즉, B가 경제안보적으로 더 위협을 받는 것이다.

이상의 내용을 고려할 때 취약성이 민감성보다 더 중요한 개념임을 알 수 있다. 예를 들어 냉전 시대에 미국은 잉여 곡물을 소련에 수출했다. 당시 소련은 만성적인 농업 부진과 곡물 부족으로 식량을 수입해야 했는데, 1981년 곡물 수입은 전체 식량 수입의 19.6%에 해당하는 70억 3,800만 달러를 차지했다. 이와 관련해서는 소련이 미국에 비해 더 높은 취약성을 가지고 있었다고 볼 수 있다. 왜냐하면 미국이 소련에 곡물 수출을 중단하거나 소련이 미국으로부터 곡물 수입을 중단할 경우 미국은 대안 정책을 비교적 용이하게 마련할 수 있었기 때문이다. 이에 반해 소련은 대안을 마련하는 데 미국보다 더 많은 비용을 부담해야 했다. 실제로 미국은 소련이 아프가니스탄을 점령(1979~1989년)했을 때 경우에 따라 곡물 수출을 중단함으로써 소련을 압박하기도 했다. 세계화에 따라 경제적 상호 의존이 점증하는 현 상황에서 이에 따른 안보적 취약성을 면밀히 검토하고 정책 대안을 마련해야 할 것이다.

3) 정보화

(1) 정보화와 안보

정보화는 기술적 측면에서 정보의 생산, 처리, 저장, 유통, 공급에 관한 기술 발달 등 컴퓨터를 중심으로 마이크로 일렉트로닉스(Micro Electronics)화가 진행된 상태를 의미한다. 즉, 인터넷 등 초국가적인 정보통신망의 등장으로 개인, 시민단체, 기업, 국가, 초국가적 기구 등 다양한 행위자가 서로 직접 연결됨으로써 개개인의 생활양식을 비롯하여 국내외 정치·경제·사회·문화 등 여러 영역에 큰 변화가 나타나는 상태를 말한다. 또한 정보혁명은 컴퓨터와 통신 및 소프트웨어 기술의 발전을 의미한다.

사람들은 정보화에 힘입어 편리한 세상을 살아가지만 한편으로는 이런 편리 때문에 안보상으로는 무방비 상태에 노출되어 있다고 볼 수도 있다. 국가의 모든 주요 기반 시설은 현재 정보통신 시스템에 의존하고 있으며, 이러한 의존도는 더욱 심화되어가는 추세이다. 만일 이러한 시스템에 문제가 생기면 전기와 수도 공급이 중단되어 시민 생활에 혼란이 발생함은 물론 군대의 경우는 전쟁 수행이 불가능할 수도 있다. 실제로 최근 국내에서도 시스템 이상으로 은행 업무가 마비되어 며칠간 시민들이 큰 불편을 겪었으며, 국제 테러 조직은 정보통신 기술을 활용하여 조직원을 모집하고 필요한 자금을 조달하는 등 자신들의 행동을 세계적으로 과시 및 선전하고 있다.

(2) 정보화에 따른 사이버 전쟁과 군사 혁신

정보화는 컴퓨터와 통신망을 기반으로 가상세계에서 펼쳐지는 사이버 전쟁(Cyberwar) 또는 정보전이라는 새로운 유형의 전쟁을 파생시켰다. 사이버 전쟁은 정보화에 따른 취약한 안보환경을 활용하여 정보통신 기반 구조를 공격함으로써 발생한다. 더군다나 오늘날의 정보통신 기반 구조는 운영 체계의 효율성을 극대화하기 위해 중앙 통제화되어 있다. 이에 따라 가상공간에서 활동하는 해커들의 공격에 취약한데, 해커들은 공간의 제약을 받지 않고 신분을 노출시키지도 않으면서 개인, 기관, 국가가 중요하게 여기는 자료를 획득하거나 정보통신 기반을 파괴·마비시킨다. 이처럼 사이버 전쟁은 게릴라전처럼 선전포고도 없고 전선도 따로 없다.

정보화는 또한 현실 세계에서 운용되는 군사력에도 중요한 영향을 미쳐 정밀 공격 등의 군사 혁신(Revolution in Military Affairs: RMA)을 가능하게 한다. 정밀 공격을 위해서는 인공위성과 같은 감지 체계, 첨단지휘통신체계 및 정밀유도무기 등이 필요한데, 정보화와 정보혁명을 바탕으로 한 첨단 과학기술의 발전으로 정밀 공격이 가능해졌다. 제2차 세계대전이 진행 중이던 1943년 1년 동안 미국 공군은 전략 표적을 불과 50회 공격할 수 있었던 반면, 1991년 걸프전쟁이 발발했을 때 미국 등 다국적군은 단 하루 만에 이라크 내 전략 표적을 150회 이상 공격할 수 있었다. 이는 정보화에 따른 군사 혁신을 보여준다. 현재 전 세계적으로 군사 혁신 측면에서 가장 앞선 국가는 미국이다.

4) 국제 테러리즘의 확산

테러(terror)는 '공포를 일으키고 죽음을 느끼게 하는 심리적 상태'라는 뜻의 라틴어 'terrere'에서 유래하며, 테러리즘은 어떤 정치적 목적을 달성하기 위해 적이나 상대편이 공포를 느끼도록 위협하거나 폭력을 가하는 것이다.

현대적 의미의 테러리즘은 1960년대에 태동했는데, 중동전쟁에서 이스라엘에 패한 일부 아랍인들이 군사력으로 이스라엘에 대항할 수 없음을 인식하고 테러리즘을 선택한 국제정치 상황과 연관된다. 테러리즘은 이후 1970년대에 중동에서 여타 지역으로 확산됐고, 1980년대에는 차량 폭탄이 이용되면서 대형화되기 시작했으며, 1990년대에는 전 세계로 확산됐다. 그리고 2000년대에 들어서는 앞에서 살펴본 세계화와 정보화의 영향으로 확산 정도가 더욱 심화되고 있다.

오늘날 테러리즘은 단순히 치안 차원에서 다뤄지는 것이 아니라 전쟁 행위에 버금가는 것으로서 국가안보 및 국제안보 차원에서 취급되는 사안이다. 이제 테러리즘은 한 국가의 외교정책은 물론 국내 정치에도 중대한 영향을 미치며 국가안보 및 국제안보를 심각하게 위협하는 초국가적 위협 요인이 되고 있다.

미국은 국제 테러리즘 확산에 대응하여 9·11 테러 이후 안보 전략을 변경했다. 냉전 시대 미국의 국가안보 최대 목표는 소련의 공산주의 확산을 차단하는 것이었으나 소련이 붕괴된 탈냉전 이후, 특히 9·11 테러를 계기로 국가안보의 최대 목표를 테러리즘 차단으로 전환했다. 또한 방어 중심이던 군사 전략을 테러리즘이 미국 본토에 이르기 전에 분쇄한다는 선제공격 전략으로 변경했다. 이러한 선제공격 방침과 테러리즘과의 전쟁 선포에 따라 미국은 9·11 테러가 발생한 다음 달인 2001년 10월에 아프가니스탄을 공격한 데 이어 2003년 3월에는 이라크를 공격했다.

그리고 미국은 자국 주도의 팍스 아메리카나(Pax Americana)를 통해 패권적 영향력 강화를 추구하면서 불량국가에 대한 확산방지구상(PSI) 등 군사적 제재 조치를 강화하고 있다. 확산방지구상은 대량살상무기의 국제적 확산을 막기 위해 2003년 6월 미국 주도로 발족된 국제협력체제로서, 대량살상무기를 적재한 것으로 의심되는 선박 등에 대해 강제 검색 등을 실시하고 있다. 특히 테러 조직이 대량살상무기를 취득할 경우 이를 테러리즘에 활용할 가능성이 우려되고 있다.

한편 미국은 9·11 테러의 배후로 알카에다의 오사마 빈라덴(Osama Bin Laden)을 지목하고 지속 추적한 결과, 2011년 5월 1일 빈라덴의 은신처를 발견하고 그를 현장에서 사살했다. 그렇다면 빈라덴의 사망으로 국제 테러리즘이 종식될 수 있을까? 알카에다 측은 보복을 전개할 것이라고 위협하고 있으며 제2의 빈라덴이 나타날 가능성도 있다. 근본적으로 중동 분쟁의 원인인 이스라엘과 팔레스타인 간의 문제가 해결되지 않는 한 테러리즘은 지속될 것이다. 또한 미국 국가정보위원회(NIC)는 2025년 예측 보고서(Global Trends 2025)를 통해 중동 지역의 경제성장과 경제적 기회가 늘지 않고 정치적 다원주의가 활성화되지 않으며 청년 실업이 완화되지 않는다면, 테러 조직에 가담하는 청년층이 증가하면서 테러리즘이 확산될 것이라고 전망했다.

... 05

동북아 안보와 한반도

1. 동북아 안보 정세

　동북아 지역은 역사적·지리적으로 미국·일본·중국·러시아 4대강국이 첨예하게 대립해온 각축장이었으며, 이러한 이유는 늘 이 지역의 불안정 요인으로 작용해왔다. 지금도 동북아 지역에는 한반도 분단이라는 냉전 상태가 진행 중이고 이념의 대립이 지속되고 있다. 동북아는 미국과 한국 간 한미상호방위조약(1954년 11월) 및 미국과 일본 간 미일안전보장조약(1960년 6월)이 유지되고 중국과 북한 간 조중우호협력상호원조조약(1961년 9월) 및 러시아와 북한 간 조소우호협력상호원조조약(1961년 9월) 등 쌍무적 형태의 군사동맹이 유지되고 있는 세력균형 지역인 데다 여러 영토분쟁과 중국과 타이완의 양안 관계가 잔존하고 있는 지역이다. 특히 북한의 돌출 행동으로 인한 한반도 위기 발생이 동북아 전체의 위기로 발전할 가능성이 잠재해 있는 불안정한 지역이기도 하다.

중국과 일본이 지역 강국으로 성장하고 중국이 2010년 국민총생산에서 일본을 앞지르는 등 G-2로 부각된 가운데 중국과 일본의 전통적 대립 관계와 미국과 중국의 대립 관계가 지속되고 있다. 미국의 동북아 전략 목표로는 이 지역에서 영향력을 유지 확대해 안보 능력을 제고함으로써 패권을 유지하는 것 외에 국가이익을 확보하고 민주주의를 확산시키는 것을 들 수 있다. 또한 미국의 아시아 정책의 골자는 어느 국가도 아시아에서 지배적인 힘의 우위를 차지할 수 없도록 세력균형을 유지하는 것이다.

한편 미국이 주도적인 지위를 차지한 가운데 경제적으로 각국은 상호 마찰을 최대한 피하면서 실익이 되는 분야를 중심으로 협력하고 있다. 러시아가 국내 사정 등으로 큰 영향을 미치지 못하는 상황에서 동북아 정세에 영향력을 행사하는 요인은 미국·중국·일본의 역할 변화와 이들 3국 관계의 변화이다. 특히 미국과 일본, 미국과 중국의 관계 진행 방향은 동북아 정세를 좌우하는 중요한 변수로서 작용할 것으로 전망된다. 남북 분단이라는 한반도 구조가 기본적으로 이들 3국 관계에 달려 있다고 지적될 만큼 이들의 관계는 매우 중요하다. 전반적으로 미국과 일본은 동맹 강화 관계에 있으며, 미국과 중국은 갈등과 협력 관계의 연속에 있다.

1) 미일동맹 강화

1996년 발표된 미일안보공동선언의 주요 내용은 미국과 일본 양국 간 안보 협력의 적용 범위를 아시아-태평양 지역으로 확대한다는 것이다. 또한 양국은 1997년 미일신방위협력지침을 개정했는데, 이는 구체적 조치 이행에 대한 의무를 명문화한 것으로 주요 골자는 일본의 미군 지원 활동과 관련해 시설 제공 등 후방 지원을 명시한 것이다. 미국은 일본과의 동맹 강화를 통해 중국의 위협에 대응하고 일본과 안보의 책임과 비용을 분담하며 한반도 유사시 관리 능력을 제고하고자 한다. 이러한 미국의 입장은 일본을 후방 병참기지화함으로써 일본의 지원 역할을 강화시키려는 의도에서 비롯된 것이다. 이에 대해 일본은 미국과의 동맹을 바탕으로 국제적 공헌을 확대하여 자국의 지위 향상을 도모하고 안보리 상임이사국이 되기 위한 노력을 전개하고 있다.

특히 1998년 8월 북한의 대포동미사일 실험 발사는 미일동맹을 더욱 강화시키는 계기로 작용했는데, 일본은 미국의 미사일 방어 구축에 적극적인 지지 입장을 표명했으며 양국은 동맹을 강화하고 있다.

2) 미국과 중국의 협력 및 견제

중국은 지속적인 경제성장을 위해서는 동북아의 안정이 무엇보다도 중요하다는 인식하에 동북아에서 가장 큰 영향력을 행사하는 미국과의 관계 유지를 추구하고 있다. 중국은 미국이 주도하는 동북아 질서를 깨뜨리려 하거나 새로운 질서를 세우려고 노력하지 않는데, 이러한 인식은 한국과 일본에 주둔하고 있는 미군의 철수를 강하게 요구하지 않는 데서도 드러난다.

1989년 천안문 사태 이후 미국과 중국의 관계 추이를 보면, 미국이 천안문 사태를 이유로 중국에 경제제재를 가함으로써 양국은 깊은 갈등 관계에 빠졌으나 1994년 미국이 중국의 인권 문제와 최혜국 대우 문제를 분리시킴으로써 관계를 회복했다. 이후 1997년 장쩌민(江澤民) 주석의 미국 방문을 계기로 양국은 고위급전략회담, 지역안보 협력 및 해상에서의 우발적인 무력 충돌을 방지하기 위한 핫라인 설치에 합의하고 1998년 빌 클린턴(Bill Clinton) 대통령의 중국 방문으로 양국 간 전략적 동반자 관계를 수립했다. 전략적 동반자 관계란 이익이 일치하는 부분은 협력을 통해 발전시켜 나가되, 이익이 상충되는 부분은 잠시 보류하는 관계를 의미한다. 양국은 또한 대량살상무기의 확산을 저지하는 데 공통된 이익이 있음을 확인하고 서로에게 전략무기를 조준하지 않기로 합의한 데 이어 미국은 타이완 문제와 관련해 3불(三不) 정책을 선언했다. 이 정책은 타이완의 독립과 유엔 가입을 반대하고 타이완 정부를 승인하지 않겠다는 것이었다.

그러나 1999년 나토의 코소보 공습과 미국의 유고 주재 중국대사관에 대한 오폭 사건 및 미국 하원의 콕스보고서(중국이 미국의 핵기술과 중성자탄 기술을 절취했다는 의혹 제기)로 양국 관계가 재악화됐다. 이에 중국 군부가 군사 교류 중단, 미국대사관 철수, 군사력 증강 등의 대미 강경 정책을 요구했으나 중국 정부는 비교적 온건한 외교정책을 발표했다. 정책의 골자는 경제력 및 국방력 강화에 초점을 두고 미국을 견제하기 위해 러시아와의 전략적 동반자 관계를 강화해 나간다는 것이었다. 미국과 관련해서는 미국 패권주의에 반대한다는 것 이외에는 특별한 내용이 포함되지 않았는데, 이는 중국이 일련의 사건에도 불구하고 미국과의 관계 냉각을 원치 않음을 시사하는 것이었다.

이상의 내용을 감안한다면 미국과 중국 양국은 동북아의 평화유지라는 공통된 이익을 가지고 있는 가운데 각자의 민감한 부분(동북아 주둔 미군 문제, 타이완 문제 및 중국 인권 문제)을 건드리지 않는 한 전략적 동반자 관계를 유지해 나갈 것으로 전망된다.

3) 남북한 관계

미국과 일본의 관계와 미국과 중국의 관계가 동북아 및 한반도 정세를 이끌어간다 해도 역시 주요 변수는 남북한 관계이다. 이와 관련해서 한국의 대북 정책과 주요 관계 동향을 살펴보려 한다. 북한은 근본적으로 큰 변화를 보이지 않는 가운데 한국은 집권 정부의 성향에 따라 대북 정책의 방향을 조금씩 달리해왔다. 진보 성향의 김대중 정부(1998년 2월~2003년 2월)와 노무현 정부(2003년 2월~2008년 2월)는 정경분리와 포용 정책을 기조로 삼아 김대중 정부는 남북화해협력 정책을, 노무현 정부는 평화번영 정책을 추진했다.

보수 성향의 이명박 정부(2008년 2월~2013년 2월)는 비핵개방 3000 공약과 함께 비핵화를 전제로 한 남북경협 활성화를 제시하고 북한의 인권 문제를 제기했다. 비핵개방 3000이란 북한이 비핵화와 개방화를 실현하면 10년 내 북한의 1인당 국민소득이 3,000달러에 이르도록 지원한다는 것이다. 또한 이명박 정부는 상생 공영의 대북 정책을 제시했는데, 이는 북핵 포기 최우선, 남북 관계 발전을 위한 비핵개방 3000 실천, 한반도 평화 통일의 실질적인 토대를 구축하기 위한 남북 화해 협력, 평화공존 및 점진적 통일을 골자로 하고 있다. 이명박 대통령은 2009년 8월 15일 광복절 경축사에서 한반도신평화구상을 발표했다. 이는 북한의 완전한 비핵화, 북한의 경제 발전을 위한 국제 협력 프로그램의 실행, 남북경제공동체 실현을 위한 남북고위급위원회 설치, 경제·교육·재정·인프라·생활 향상 등 대북 5대 프로젝트 추진과 함께 남북한 재래식무기의 감축 논의를 시작하자는 것이다. 또한 2009년 9월 유엔총회 참석차 뉴욕 방문 시 그랜드바겐(Grand Bargain)을 제시했는데, 이는 6자회담을 통해 북핵 프로그램의 핵심 부분을 폐기하는 동시에 북한에 확실한 안전보장을 제공하고 국제 지원을 본격화하는 일괄 타결을 추진하자는 것이었다.

북한은 지속적으로 핵실험(2006, 2009년)과 대포동미사일 시험 발사(1998, 2006, 2009년)를 실시해왔으며, 6자회담은 북한의 거부로 2007년 10월 이후 중단됐고 북한과 미국의 관계 및 북한과 일본의 관계 또한 진전되지 않고 있다. 북방한계선(NLL) 문제와 관련해 북한은 1953년 정전협정과, 특히 1992년 체결된 남북기본합의서에서 '남과 북의 불가침경계선과 구역은 1953년 7월 27일자 군사정전에 관한 협정에서 규정된 군사분계선과 지금까지 쌍방이 관할해온 구역으로 한다'는 내용에 합의했음에도 이를 어기고 1999년 서해에 해상군사분계선을 일방적으로 선포했다. 그리고

〈표 5-1〉 북한의 해상 도발

일자	내용
1999년 6월 15일	제1차 연평해전(한국 해군 7명 부상)
2002년 6월 29일	제2차 연평해전(한국 해군 6명 전사, 19명 부상)
2009년 11월 10일	대청해전(북한 경비정이 북방한계선을 침범하여 한국 해군과 교전 후 퇴각, 한국 및 북한 측 함선 일부 파손)
2010년 1월 27~29일	백령·대청북방한계선 인근 해상에 해안포·방사포 등 350여 발 발사
2010년 3월 26일	천안함 공격(북한의 어뢰 공격으로 한국 해군 46명 전사)
2010년 11월 23일	연평도 포격(한국의 해병대원 2명 및 민간인 2명 사망)

이를 구실로 1999년 이래 해상 도발을 지속해왔다. 급기야는 2010년 3월 천안함 공격에 이어 11월 연평도 민간 마을에까지 포격을 가해왔으며 이로써 남북한 간에 최고조의 긴장이 조성됐다. 북한의 해상 도발이 앞으로도 지속될 가능성이 있어 주의 깊은 경계가 요구되고 있는 상황이다.

북한은 그간 남북정상회담(2000년 6월, 2007년 10월)이 추진되는 과정에서도 해상 도발을 지속하고 핵실험과 미사일 발사 시험을 계속 진행함으로써 긴장을 조성했다.

2. 동북아 안보 정세의 연구

국제질서가 미국 패권체제에 의해 유지될 것으로 전망되는 가운데 동북아에서도 역시 마찬가지의 상황이 전개될 것으로 보인다. 더군다나 동북아에는 미국과 G-2를 형성하고 있는 중국은 물론 여타 4대강국인 일본·러시아도 있다. 이와 관련해 동북아 안보 정세에 대한 연구는 미국 패권에 따른 패권안정이론과 미국 패권에 도전 가능한 국가로 중국을 상정한 세력전이이론에 기초한다.

1) 이론적 배경: 패권안정이론과 세력전이이론

첫 번째, 패권안정이론은 패권국의 힘에 의해 국제질서가 안정된다는 것으로, 국제질서가 힘의 균형이 아니라 타국에 비해 월등한 힘을 가진 국가인 패권국에 의해 안정적으로 유지된다는 것이다. 반면에 패권국이 쇠퇴하거나 질서를 유지하기 위한 노력을 전개하지 않을 때 국제정치에서 권력 분산이 발생함은 물론 무질서 또는 혼란이 초래될 것이라고 주장한다. 이와 관련해 패권국인 미국이 21세기 내내 지도력을 유지할 것인지 아니면 상실할 것인지 여부가 주목되고 있는데 현재로서는 큰 변수가 없는 한 미국의 패권이 상당 기간 지속될 것으로 전망된다.

두 번째, 세력전이이론은 국제체제가 지배국가에 의한 위계질서로 이뤄져 있다고 본다. 즉, 피라미드 형태의 정점에 패권국인 지배국이 위치하고 그 밑에 강대국, 중간국, 약소국이 위치한다고 주장한다. 패권 경쟁으로 인한 국제안보환경의 불안정은 지배국과 강대국 간의 국력 차이가 적을 때 발생한다고 하는데, 강대국 중 어느 한 국가의 국력이 지배국의 80%를 넘어설 때 도전의 유혹을 받는다는 것이다. 그리고 도전국의 국력이 지배국의 80~120%일 때 가장 불안정한 시기로 간주된다. 강대국들은 지배국을 정점으로 만족국가와 불만족국가로 양분되는데 불만족한 강대국 중에서 도전국이 나온다는 것이다. 한편 대부분의 강대국은 지배국의 지도력에 불만이 적다. 그 이유는 번영을 즐기며 나름대로 영향력을 행사하고 있기 때문이라는 것이다. 그런데 불만족국가는 지배국이 구축한 국제질서에 적응하며 살아가다가 어느 시점에 국력이 축적되어 지배국과 국력이 비슷해지면 도전하고 싶어지게 된다는 것이다.

앞으로 동북아 지역에서 미국 패권의 현 국제체제에 도전할 가능성이 가장 높은 국가를 든다면 중국일 것이다. 2011년 7월 천빙더(陳炳德) 중국 인민해방군 총참모장이 미국은 항상 패권주의에 해당하는 행동이나 표현을 하는 패권주의의 상징이라고 공개 석상에서 언급하면서 노골적으로 미국에 불만을 드러냈다. 이는 앞으로 중국이 미국에 도전할 불만족국가가 될 수 있음을 보여준다.

2) 도전국 중국

국력의 수준을 어떻게 표시할 수 있는가? 세력전이이론에서는 국력을 '일하고 전쟁을 할 수 있는 인구수, 경제 생산성, 정치체제 효율성의 조합'으로 정의한다. 전통적으로는 국력을 나타내는 요소로 지세, 천연자원, 공업 능력, 군비, 인구, 국민성, 국민의 사기, 외교·정치의 질 등이 제시되고 있으나 오늘날은 국민총생산이 중요한 지표이다. 왜냐하면 국민총생산이 증가해야 군비는 물론 공업화 능력이 증가하기 때문이다. 한편 21세기 세계화·정보화 시대에는 '과학기술, 금융 동원 능력, 정보화'가 국력을 나타내는 중요 요소로 떠오르고 있는데, 이는 이것이 거시적 요소인 국민총생산만으로 따질 수 없는 소프트웨어적인 요소이기 때문이다.

한편 중국이 머지않은 장래에 미국의 국민총생산을 따라잡을 수 있을 것으로 예상되는 가운데 중국이 불만을 가진 도전국이 되어 미국을 상대로 패권 전쟁을 벌일 것인지에 관심이 집중되고 있다. 이와 관련해서는 앞서 언급한 과학기술과 정보화 능력 등에서 중국이 미국과의 격차를 얼마나 줄일 수 있을지가 주요 변수로 작용할 것이다. 물론 미국 역시 현 미국 패권체제에 도전할 가능성이 가장 높은 국가로 중국을 꼽고 견제 전략을 추진해 나갈 것이다.

3. 동북아 정세: 한반도 주변 4대강국의 입장

1) 미국

9·11 테러 이후 미국의 안보 전략은 테러리즘 차단과 대량살상무기 확산 방지, 선제공격 불사, 미사일 방어 추진, 미국적 가치의 확산 등을 기반으로 하며, 미국의 동북아 전략은 기본적으로 미-일-중 3각 구도에서 비롯되고 있다. 이 중에서도 미국의 동북아 정책 키워드는 중국을 중심으로 한 지역 관계의 조정에 있는데, 미국은 공식적으로 하나의 중국 원칙을 유지하고 있다. 이는 테러리즘, 북핵 문제와 관련하여 중국과 공조할 것이 많다고 인식하고 있기 때문이다. 미국과 중국의 관계에서 타이완이 양국 관계를 분열시키는 요소라면 테러리즘과 북핵 문제는 양국을 협력하게 만드는 요소이다. 한편 미국은 기본적으로 일본과의 동맹 강화를 통해 중국을 견제해 나가면서 중국의 전통적 라이벌인 러시아, 인도와도 제휴를 맺어 중국을 견제한다는 입장이다.

미국의 한반도 안보 정책은 기본적으로 9·11 테러 이후 미국의 안보 정책 변화라는 틀에서 이해할 필요가 있다. 미국은 군사 변환(Military Transformation) 정책에 따라 주둔군에서 기동군 개념으로의 전환을 추진하면서 해외에 주둔 중인 미군을 재배치하고 있다. 이와 관련한 주한미군 재배치 문제에 대해서는 제13장에서 살펴볼 것이다. 미국은 북한 핵문제에 대해 6자회담을 통한 해결을 추진하면서 북한에 'CVID(Complete, Verifiable and Irreversible Dismantlement)'를 요구하고 있다. 이는 문자 그대로 '핵무기의 완전하고 검증 가능하며 되돌릴 수 없는' 해체를 의미한다.

한편 9·11 테러 이후 2002년 1월 공화당의 조지 부시(George W. Bush) 미국 대통령(2001년 1월~2009년 1월 집권)은 연두교서에서 북한을 이란, 이라크와 함께 세계 평화를 위협하는 '악의 축'으로 규정했다. 또한 민주당의 버락 오바마(Barack Obama) 행정부(2009년 1월~)는 2010년 2월 1일 발표한 「4개년국방검토보고서(QDR)」를 통해 북한이 안보를 위협하는 국가임을 재강조했다. 4개년국방검토보고서는 미국 국방부가 4년마다 작성해 의회에 제출하는 국방정책보고서로, 미국이 당면한 미래의 안보 위협 요소를 분석하고 이에 대한 포괄적인 군사 대응 전략을 밝힌다.

2) 일본

일본의 기본적인 전략 목표는 경제대국 지위에 합당한 외교대국 내지 군사대국으로 발돋움하는 것이다. 이를 위해 일본은 안보리 상임이사국에 진입하기 위한 노력을 전개하는 한편, 미국과의 동맹을 기반으로 군사력 증강, 자위대의 역할 확대를 추구하고 있다. 일본의 동북아 전략은 미일동맹의 기반하에 중국을 견제하면서 탈냉전 이후 미국의 최대 안보 목표인 테러 차단에 적극 협력하고 미국의 대북 정책을 지원하는 것이다. 한편 일본의 보수 우익 세력이 주장하는 보통 국가화는 표면상으로는 헌법 개정을 통해 여타 국가들처럼 군대를 보유하겠다는 것이지만, 군대를 보유해 군사대국화를 추구하려는 의도도 있는 것 같다.

일본은 특히 중국의 경제성장을 견제하면서도 거대 시장인 중국으로의 진출을 목표로 하고 있다. 이는 중국이 풍부한 자원과 값싼 노동력을 소유하고 있는 데 비해, 일본은 자본과 기술을 보유함으로써 상호 협력 가치의 존재를 인식하고 있는 데서 비롯된다. 한편 일본과 중국 간에는 과거사 문제외 댜오위다오(釣魚島, 일본명 센카쿠 열도) 분쟁에 따른 갈등이 상존한다. 일본은 한국과 한일 공조를 통한 안보 협력과 선린 우호 협력을 추진하면서 문화 교류와 자유무역협정 체결을 주요 과제로 추진하고 있지만 역시 과거사 및 독도 문제에 따른 한계를 노정하고 있다.

일본은 1998년 북한 대포동미사일이 일본 영공을 넘어 날아간 것에 큰 충격을 받았으며, 북한의 핵개발이 일본 안보에 직접적인 위협이 된다고 인식하고 있다. 한편 1991년 1월 이래 북한과 일본의 국교정상화 교섭이 추진됐으나 진전되지 않고 교착 상태에 있다. 이러한 북일 관계 진전의 쟁점으로는 북한 핵미사일 문제, 일본인 납치 피해자 문제, 일본의 대북 지원 문제 등이 존재한다.

앞으로 일본은 미국과 안보 협력의 틀을 유지하면서 정치적·군사적으로는 중국을 견제해 나가되 경제적으로는 협력 관계 확대를 추구해 나가는 한편, 자국의 정치·군사대국화 노력을 기울이면서 안보리 상임이사국 진출을 적극 추진해 나갈 것으로 전망된다.

3) 중국

중국은 13억 명이 넘는 인구, 56개 민족, 32개의 서로 상이한 지방정부로 구성된 다양하고 복잡한 국가로서 이에 대한 조정 통제와 정치적·사회적 안정 및 경제적 번영이 주요 과제이다. 대외적으로는 14개 국가와 2만 2,000km에 달하는 국경선을 접하고 있고, 러시아·인도·베트남 등과는 일부 국경 문제가 미해결 상태이다. 또한 일본과는 댜오위다오, 동남아 국가들과는 난사군도 영유권 문제를 둘러싼 갈등을 지속하고 있다. 또한 전 세계 경작 면적 7%의 농지로 세계 총인구의 20% 이상을 먹여 살려야 하는 국가로서 식량안보와 지속 경제성장의 동력인 에너지가 중국의 안보를 위협하는 가장 심각한 문제가 될 것으로 지적된다.

중국은 패권국인 미국에 정면으로 대항하는 정책을 피하고 있다. 이는 현재 중국이 경제 발전에 중점을 기울여야 하는 상황이기 때문이다. 그러면서도 중국은 미국의 패권 정책을 견제하기 위해 아세안지역안보포럼(ARF)에 참여해 상하이협력기구(SCO) 주도 및 6자회담에서 적극적인 역할을 모색하고 있다. 아세안지역안보포럼은 1993년 아시아-태평양 지역

내 신뢰 구축 및 예방외교를 목적으로 설립되어 현재 미국을 포함한 4대 강국 및 남북한 등이 가입되어 있다. 상하이협력기구는 역내 안보 평화를 위한 공조체제와 여러 분야의 협력 관계 구축을 목적으로 중국·러시아 및 일부 중앙아시아 국가들이 2001년 설립한 기구이다. 이 기구는 중국이 나토를 견제하기 위해 만든 것이라는 일부 시각에 따라 주목받고 있다. 중국의 이러한 움직임은 미국의 패권을 견제하고 아시아 역내에서 중국의 발언권과 영향력을 확대하려는 의도에서 비롯된 것이다.

중국의 주변국 전략 목표는 14개 접경국과 선린 우호 관계를 유지하는 것으로, 중국은 동북아 지역을 아시아 안보에서 가장 중요한 전략 지대로 인식하고 있다. 중국은 일본과의 관계에서 미국과 일본의 군사동맹 강화, 일본의 정치·군사 역할 증대, 과거사 및 영유권 문제 등 양국 간 관계 발전을 제약하는 요인이 존재하지만 경제 발전은 물론 동아시아 안정과 번영을 위해 일본과의 협력이 필요하다고 인식하고 있다. 그리고 러시아와는 4,300km의 국경선을 이루는 가운데 전략적 협력 관계를 강화하고 있다. 러시아 극동 지역은 중국의 천연가스 도입원이며, 중국은 정치적·군사적으로 체첸 문제에 대해 러시아의 입장을 지지하는 대신 중국 내 신장 지역의 분리 독립 문제 등과 관련하여 러시아의 지지를 필요로 한다.

중국은 한반도 전략에서 특히 북한 지역만큼은 중국 안보의 완충지대로 간주함으로써 사회주의체제가 붕괴되지 않도록 북한을 지원하려는 입장을 견지하고 있다. 한반도가 통일된 이후에도 북한이 중국에게 적대 세력이 되어서는 안 된다는 인식을 가지고 있는 것이다. 이와 관련해 중국은 북한의 천안함 공격 및 연평도 포격 시 편향적으로 북한을 두둔했다. 한편 중국의 차기 국가주석으로 유력시되는 시진핑(習近平) 국가부주석은 2010년 6·25전쟁 참전 60주년에 즈음해 열린 참전 노병과의 좌담회에서 중국군의 6·25전쟁 참전은 정의로운 것이었다고 주장하고, 중국 인민은 중국과 북한 양국의 인민과 군대가 흘린 피로써 맺어진 위대한 우정을 잊

어본 적이 없다고 언급했다. 한국은 이런 중국의 입장에 연연할 필요 없이 장기적 안목에서 인내심을 갖고 중국과의 정치·경제협력을 꾸준히 발전시켜 나가야 할 것이다.

중국의 한반도 정책의 핵심은 평화와 안정 유지로, 한반도 문제가 중국의 경제 발전 및 정치·사회 안정을 저해하지 않도록 하는 것과 한반도에 대한 중국의 영향력을 강화하는 것이다. 한국과 경제 교류 및 협력 강화를 추진하고 북한과는 전통적 우호 관계를 유지해 나감으로써 한반도에서 최대한의 국익을 확보하려는 것이 중국의 전략이다. 중국은 특히 북한에 대한 영향력을 미국·일본·한국에 대한 외교적 지렛대로 활용하고 있다.

4) 러시아

역사적으로 러시아는 자국의 안보에 매우 민감한 반응을 보여왔는데, 몽골은 물론 독일과 프랑스의 침공에 시달린 경험이 있기 때문이다. 이러한 반응의 일환에서 구소련은 제2차 세계대전 종전 후 동구권 지역을 안보를 확보하기 위한 완충지대로 만들고자 노력했다.

러시아는 탈냉전 이후 미국의 우위를 인정하는 가운데 미국과 우호 관계를 구축하고 내부적으로는 경제 재건을 통해 강대국으로 복귀하려는 전략적 목표 아래 미국에 대해 협력 및 견제 동향을 견지해왔다. 러시아의 중요한 안보 현안은 구소련 연방에 속한 국가들로 구성된 독립국가연합(CIS) 지역에 대한 효율적인 관리로서, 특히 중앙아시아 국가에 대한 미국의 영향력 확대를 견제하는 것이다. 또 다른 러시아의 중요한 안보 현안은 나토의 동진에 대응하는 문제이다. 폴란드·체코 등 동구권 국가들이 탈냉전 이후 나토에 가입함으로써 나토가 동방으로 확대되어 온 가운데 러시아는 같은 인종과 종교를 가진 우크라이나가 나토 가입을 추진하는 데 강력한 반대 입장을 보이고 있다.

러시아의 동북아 정책은 정치·외교·군사안보 문제보다는 자원을 통한 영향력 확대에 초점이 맞춰져 있다. 이에 따라 러시아는 동북아에서 자국의 영향력을 확보하기 위해 군사력을 증강하기보다는 에너지 자원을 무기화하고자 노력할 것으로 예상된다. 동북아 국가들은 러시아에서 부족한 에너지 자원을 획득하려는 정책을 추진하고 있으며, 러시아는 이를 안보 문제와 연결하여 에너지를 지렛대 삼아 정치적·외교적 수단으로 활용함으로써 동북아에서의 영향력 회복을 추구해 나갈 것이다.

러시아는 6자회담에서 북한과 미국의 중재자 역할에 노력을 기울이고 있다. 이는 러시아가 6자회담을 동북아와 한반도에서 자국의 영향력을 확대하기 위한 장으로 인식하고 있기 때문이다. 러시아는 북핵 문제 해결과 병행하여 한반도에서 획득 가능한 경제적 실익을 도모하고 있다. 예를 들어 한반도종단철도(TKR)·시베리아횡단철도(TSR) 연결, 한반도를 관통하는 가스 파이프라인 건설 등에 관심을 보이고 있다. 한국과 러시아는 2008년 9월 정상회담을 통해 시베리아에서 생산되는 천연가스를 북한을 경유한 파이프라인을 통해 들여오기로 합의했다.

한편 러시아의 드미트리 메드베데프(Dmitry Medvedev) 대통령은 러시아를 방문한 북한의 김정일 국방위원장과 2011년 8월 24일 시베리아의 울란우데에서 회담한 후 기자회견을 통해, 북한을 거쳐 한국으로 이어지는 가스관 건설 프로젝트 협의차 남북한 및 러시아 3국 간에 특별위원회를 발족하기로 북한 측과 합의했다고 밝혔다.

...06

핵무기와 안보

1. 핵무기의 성격

1) 핵무기 기술

핵무기는 우라늄이나 플루토늄의 원자핵이 분열할 때 갑자기 방출되는 에너지를 이용하여 만드는데, 위력적인 폭발력을 가지고 있다. 미국은 제2차 세계대전 시 맨해튼 계획에 따라 1945년 7월 16일 뉴멕시코 주에서 실시한 핵무기 실험에 성공함으로써 소련과의 핵 경쟁에서 초기 우위를 차지했다. 물론 소련도 1949년 핵무기 실험에 성공했다. 그리고 소위 강대국으로 불리는 안보리 상임이사국들은 자국의 안보를 위해 가장 파괴력이 강한 핵무기를 보유하게 됐다.

핵무기 제조를 위해서는 우라늄 235(U-235) 또는 플루토늄 239(Pu-239)가 필요하다. 첫 번째, 우라늄 235를 활용해 핵무기를 제조하려면 천연우라늄에 포함된 미량의 우라늄 235를 농축시켜야 한다. 즉, 천연우라늄은 99%가 비분열성인 우라늄 238(U-238)이고 핵무기로 이용되는 우라늄 235는 0.71%에 불과한데, 핵무기화하려면 우라늄 235를 90% 이상 농축해야 한다. 농축 방법으로는 기체확산법과 원심분리법이 있다. 기체확산법은 우라늄 235와 우라늄 238의 미세한 질량차와 확산 속도차를 이용해 분리하는 방법이다. 원심분리법은 미세한 질량차와 원심력의 차이를 이용하는 것으로, 원심분리기를 고속으로 회전시키면 무거운 우라늄 238이 바깥쪽으로 몰리고 상대적으로 가벼운 우라늄 235는 안쪽으로 몰리는데 같은 작업을 연속 반복하여 고농축우라늄(HEU)을 획득하는 것이다.

경수로용 연료를 만들기 위해서는 우라늄 235를 3~5% 농축해야 한다. 한국의 경우 이를 미국에서 농축 후 반입하며, 핵확산금지조약(NPT)에 따라 자발적으로는 농축할 수 없다. 한편 우라늄 광석은 채광 과정에서 원석의 수천 배에 달하는 석재 폐기물을 남길 뿐만 아니라 폐기물 속에 적은 양이지만 우라늄이 남아 환경문제를 야기한다. 우라늄 광석의 주요 생산국은 미국·캐나다·호주·남아공 등이다.

두 번째, 플루토늄을 활용해 핵무기를 제조하려면 우선 플루토늄을 재처리해야 하는데, 재처리란 원자력발전소에서 원자로 사용 후 핵분열로 생성된 플루토늄을 분리하는 것이다. 재처리 방법으로는 주로 습식법이 이용된다. 이 방법에는 핵연료를 용액으로 만들고 침전제를 써서 원하는 물질을 침전시키는 침전법과 수용액 중 우라늄과 플루토늄 이온의 분리계수 차이를 이용하는 퓨렉스법이 있다. 한편 6~8kg의 플루토늄 239로 핵폭단 한 개를 만들 수 있다.

고농축우라늄이 만들어지고 플루토늄이 재처리된 후 농축우라늄과 플루토늄이 핵무기가 되려면 이들을 터Em릴 수 있는 장치가 필요한데, 이것이 기폭 장치이다. 기폭 장치는 중성자와 반응해 핵분열을 일으키도록 하는 장치로서 포신형(Gun Type)과 내폭형(Implosion Type) 2가지 형태가 있다. 포신형은 농축우라늄 폭탄 제조에 사용되는 기폭 장치이고 내폭형은 플루토늄 폭탄 제조에 사용되는 기폭 장치이다.

2) 핵무기 운반 수단

핵무기를 만들었다 하더라도 이를 싣고 운반해 투발할 수 있는 수단이 필요하다. 대표적인 운반 수단으로는 항공기, 미사일이 있으며 이 외에도 대포, 핵배낭, 핵지뢰 등을 이용할 수 있다. 예를 들어 1945년 8월 미국이 일본에 핵무기를 사용할 때는 항공기가 활용됐다. 한편 항공기는 수톤 규모의 대형 핵무기를 운반할 수는 있으나 목표 지역에 접근하는 과정에서 탐지·요격될 가능성이 크다는 단점이 있다. 그래서 오늘날처럼 군사기술이 발달한 시대에는 효용성이 떨어진다. 대포는 구경을 200mm 이하로 소형화해야 하므로 기술적인 문제가 뒤따르고 사정거리에 따라 아군에게 피해를 주거나 적에 의해 포획될 가능성이 있다. 핵배낭과 핵지뢰 또한 핵무기를 소형화·경량화해야 하는 기술적 문제와 함께 사람이 직접 침입해 설치하거나 사전에 매몰해야 하는 문제점이 있다. 미사일은 사거리가 길어 대륙에서 대륙으로 발사됨으로써 효과적인 운반 수단으로 주로 사용되지만, 미사일의 탄두 중량 이내로 핵무기를 소형화해야 하는 기술적인 문제점이 뒤따른다.

냉전 이래 미국과 소련은 미사일을 지속 개발해왔는데 대륙간탄도미사일(ICBM)은 미사일에 핵탄두를 장착해 한 대륙에서 다른 대륙까지 발사되는 미사일을 지칭하며 사정거리는 보통 5,000km 이상이다. 이러한 거리를 날아가기 위해서는 로켓엔진으로 추진되어 대기권 밖을 비행해야 하는데, 우주 궤도에 쏘아 올려진 후 인공위성과 같이 궤도를 순항하다가 목표물 상공에 도달하면 대기권으로 재진입하는 것이다. 따라서 탄도미사일은 로켓 제조 기술과 동일한 고도의 기술력을 필요로 한다. 탄도미사일의 핵탄두 장착과 관련해 1970년대부터는 한 개의 미사일에 다수의 탄두를 장착하는 다탄두각개목표재돌입미사일(MIRV)이 도입되는 등 발전을 거듭해왔다.

    핵무기를 탄도미사일에 적재할 정도로 기술이 발전되고 탄두의 파괴력이 향상되면서 탄도미사일은 대표적인 핵무기 운반 수단이 됐다. 핵탄두는 현재 미국이 1만 5,000개, 러시아가 1만 3,000개, 프랑스가 482개, 중국이 430개, 영국이 200개, 이스라엘이 100개, 인도가 60개, 파키스탄이 15~25개 정도를 보유하고 있는 것으로 알려졌다. 이와 같이 핵무기는 대륙간탄도미사일에 의해 발사되거나 핵잠수함에서 발사되는 잠수함발사탄도미사일(SLBM)에 적재되기도 하는데, 잠수함발사탄도미사일은 대륙간탄도미사일을 전략 핵잠수함에서 발사할 수 있도록 개량한 탄도미사일이다. 잠수함에서 발사하기 때문에 잠수함을 목표물 해안에 근접시켜 발사할 수 있는 장점이 있다.

3) 핵무기 효과

    핵무기 효과는 엄청난 폭발, 열, 방사능의 형태로 나타난다. 역사상 핵무기는 제2차 세계대전 말인 1945년 일본 히로시마와 나가사키에서 유일하게 사용됐다. 미국은 1945년 8월 6일 히로시마에 농축우라늄으로 만든 원자폭탄을 투하한 데 이어 9일에는 나가사키에 플루토늄을 이용한 두 번째 원자폭탄을 투하했다.

    히로시마에 투하된 핵폭탄은 12kt TNT로 TNT(Trinitrotoluene)는 재래식 살상용 무기의 화약이다. 1kt는 TNT 폭탄 1,000톤이 폭발할 때의 폭발력과 같다. 즉, 12kt TNT는 TNT 1만 2,000톤을 의미한다. 1Mt는 TNT 폭탄 100만 톤이 폭발할 때의 폭발력과 같은데, 미국과 러시아는 5~14Mt 폭발력의 핵무기 실험까지 한 것으로 알려졌다. 전술형 핵무기는 보통 20kt

TNT가 기준인데, 예를 들어 서울 시내 580m 상공에서 20kt TNT 핵무기를 투하 시 200만 명이 살상된다고 한다. 최근에는 대형 핵폭탄보다 폭발력은 작지만 소형 핵폭탄을 선호하는 추세이다. 한편 이러한 소형 핵폭탄이 테러 집단의 손에 들어갈 가능성이 우려되고 있다.

유엔은 핵무기와 재래식무기를 구분하기 위해 1948년 대량살상무기 개념을 도입했으며 대량살상무기는 핵무기(Nuclear Weapon: NW), 생물학무기(Biological Weapon: BW), 화학무기(Chemical Weapon: CW)를 지칭한다.

2. 핵억지

억지란 사전에 어떤 행동을 하려는 상대의 의도를 포기하게 만드는 것이다. 1945년 일본에서 핵무기가 사용된 이후 더 이상 핵무기가 사용되지 않았다. 그 이유는 무엇일까? 이는 핵무기를 보유한 국가 중에서 어느 한 국가가 핵무기를 사용한다면 상대국가에게 핵무기로 보복당할 것이라는 두려움 때문이다. 이와 같이 억지는 사전적 성격을 내포한다. 이에 비해 방어는 억지가 실패할 경우 상대의 행동에 대한 대응으로 사후적 성격을 지닌다. 따라서 잠재적인 적대국가로 하여금 침략 의도 자체를 포기하도록 하는 것은 억지이고, 적대국가가 침략해올 경우 이에 대응하는 것은 방어이다. 사실상 핵무기 이외에는 적대국가의 공격 의도를 포기시킬 수 있는 것이 없어 억지라고 하면 일반적으로 핵억지를 지칭한다. 미국과 소련 양국 간에 핵전쟁 없이 냉전이 종식될 수 있었던 것은 핵억지 때문이라고 설명된다. 이처럼 핵무기는 자국의 안보를 지켜주는 최고의 무기가 될 수 있었다.

그런데 미국과 러시아처럼 핵무기를 1만 개 이상 가지고 있는 국가와 불과 몇십 개 정도를 가지고 있는 국가 간에 핵억지가 작동한다고는 엄밀하게 말할 수 없다. 왜냐하면 핵무기를 몇십 개 가진 국가의 경우 핵전쟁이 발생하면 핵대결에서 곧 핵무기가 바닥날 것이기 때문이다. 핵전쟁에서 1차 공격은 적대국가에 대한 선제공격을 의미하고 2차 공격은 선제공격에 대한 보복 공격을 의미한다. 즉, 몇십 개 정도의 핵무기를 보유한 국가가 가지고 있는 핵무기를 모두 사용하면 결국 핵무기를 더 많이 보유한 국가에 대한 2차 공격, 즉 보복 공격을 할 수 있는 능력을 상실하게 된다. 그럼에도 불구하고 핵전쟁이 발발하면 핵을 많이 가지고 있든 그렇지 않든 가공할 만한 파괴력을 가진 핵무기 때문에 큰 손실이 초래된다. 이에 따라 핵무기 파괴력으로 인한 손실이 이득보다 크다고 판단된다면 핵무기 자체가 억지력을 갖게 되는 것이다. 그만큼 핵무기는 대량 파괴력을 가진 무기이다.

한편 미국의 전략방위구상(SDI)은 우주에 떠 있는 위성을 활용하여 레이저 광선 등으로 적의 미사일을 파괴(요격)시킴으로써 자국의 영토를 방어하는 일종의 미사일 방어 계획이다. 1983년 3월 23일 미국의 로널드 레이건(Ronald Reagan) 대통령이 1조 달러의 전략방위구상을 발표했다. 일부에서는 전략방위구상을 별들의 전쟁(Star Wars)이라고 불렀는데, 이는 전략방위구상에 부정적인 견해를 가진 사람들이 비난조로 부른 호칭이다. 미국의 전략방위구상은 소련의 미사일체제를 무력화시키려는 것으로서 전략방위구상이 성공할 경우 미국은 소련의 보복 공격에 대한 불안감 없이 핵전쟁을 수행할 수 있게 되는 반면, 소련으로서는 발사한 미사일이 미국에 이르기도 전에 파괴됨으로써 미사일이 있어 봤자 무용지물이 되는 셈이었다. 전략방위구상의 기술적 문제 때문에 현재 미국 정부는 미사일로 미사일을 요격하는 미사일 방어 구축을 추진 중이다. 그러나 1983년 미국이 전략방위구상 실험 결과를 과장 발표한 데 따라 소련도 전략방위구상을 추진하게 되었으며, 이는 결과적으로 막대한 예산 낭비로 이어졌다. 결국 소련의 전략방위구상은 소련 경제를 탈진시켜 소련이 붕괴하는

데 크게 기여한 것으로 평가된다.

3. 핵확산

　핵확산이란 일반적으로 핵무기 보유국이 확대되는 것을 의미한다. 핵확산의 이유는 모든 국가가 핵무기를 보유해 핵억지 능력을 갖고 싶어 하기 때문이다. 핵확산의 이유를 설명하는 국제정치의 이론으로는 동기이론, 기술이론, 유사동기이론, 연계이론이 있다.
　첫 번째, 동기이론은 자국의 안보를 보장하기 위해 억지력이 가장 큰 핵무기를 갖고 싶어 한다는 것이다. 즉, 군사안보적 동기에서 핵무기 개발을 추진하는 것이다. 그리고 이와 같은 핵개발 동기를 막으려면 핵우산을 확실하게 제공해야 한다고 주장한다. 핵우산은 핵보유국이 핵무기를 보유하지 않은 동맹국의 안전을 보장하는 것이다. 즉, 동맹국이 적대국으로부터 핵공격을 받으면 핵을 보유한 동맹국이 핵무기로 적대국을 공격한다는 논리를 말한다.
　두 번째, 기술이론은 국가들이 핵무기 제조 기술을 갖게 되면 핵무기를 만든다는 것이다. 그런데 핵기술은 개발이 그렇게 어렵지 않은 데다 많은 국가가 핵기술을 획득하기 위해 노력한다. 따라서 핵확산을 막으려면 국제적인 통제체제를 구축해 핵기술의 개발 및 공급을 막아야 한다는 것이다. 핵통제체제로는 핵확산금지조약과 핵운반 수단인 미사일의 확산 방지를 위한 미사일기술통제레짐(MTCR) 등이 있다.
　세 번째, 유사동기이론은 핵확산 이유에 대해서는 동기이론을 적용하여 군사안보적 동기에 의해 핵개발이 추진된다고 주장한다. 그러나 이와 같은 동기를 막기 위한 방법으로 동기이론의 핵우산 제공을 주장하는 것이 아니라 기술이론을 적용하여 국제적인 통제체제 구축을 통해 핵기술의 개발 및 공급을 막아야 한다고 말한다.

네 번째, 연계이론은 핵보유국들이 자신들의 핵보유를 정당화하여 핵실험을 지속하면서도 핵을 보유하지 못한 국가들에게는 핵확산금지조약을 통해 핵보유를 막고 있는데 이러한 불평등이 핵확산을 부추기는 이유라고 주장하는 이론이다. 따라서 핵확산을 막기 위해서는 포괄적핵실험금지조약(CTBT) 체결을 통해 지구상의 모든 핵실험을 금지해야 한다고 주장한다.

한편 핵무기 제조 기술이 발전하면서 소형화가 가능해지고 소형 핵폭탄이 테러리스트들의 손에 들어갈 가능성이 높아졌다. 이와 관련해 미국의 오바마 대통령은 2010년 4월 핵안보정상회의를 앞두고 테러 조직이 핵무기를 획득할 가능성이 미국 안보에서 가장 큰 위협이라고 말했다. 미국 국가정보위원회도 2025년 예측 보고서를 통해 북한과 같은 정권 교체 또는 붕괴 가능성이 있는 핵보유국이 과연 핵무기를 통제할 능력이 있는지 의구심이 제기되며, 과학기술 지식의 보급에 따라 테러 조직이 대량 살상을 위해 핵무기를 취득할 가능성이 우려된다고 지적했다.

수평적 핵확산은 핵무기를 보유한 국가의 수가 늘어나는 것이고 수직적 핵확산은 기존 핵보유국의 핵능력이 강화되는 것이다. 현재 공식적인 핵보유국은 안보리 상임이사국인 미국·소련·영국·프랑스·중국이며 비공식적인 핵보유국으로는 인도·파키스탄·이스라엘·북한 등이 거론된다. 이외에 이란이 핵개발을 추진 중인 것으로 알려져 있다.

4. 핵통제

1) 데탕트 이전

핵무기 확산을 막으려는 국제사회의 노력은 지속되어왔으며 이러한 노력은 핵통제로 설명된다. 1970년을 전후하여 미국과 소련이 첨예한 이념 대립에서 벗어나 긴장 완화와 평화공존을 추구하기 시작한 데탕트를 기준으로 데탕트 이전 국제사회의 핵통제 노력으로는 1950년대 말 어떠한 핵폭발 실험이든 전면적으로 금지하는 포괄적핵실험금지조약의 추진을 들 수 있다. 그러나 추진 검증 문제 등에 대한 견해차로 이 조약은 협정으로 체결되지 못하고 1963년에 이르러서야 미국·소련·영국이 부분핵실험금지조약(PTBT)에 합의했다. 이 조약은 지하 핵실험 이외에 대기권, 우주 및 해저 핵실험을 금지하는 것이다. 한편 미국과 소련은 1974년 지하핵실험제한협정을 체결하여 150kt 이상의 지하 핵실험을 금지했다. 핵실험이란 핵폭탄의 기폭 장치로 사용되는 고폭약의 성능을 개선하기 위한 조치를 말한다.

2) 데탕트 이후

기존 핵보유국들의 핵무기 확산 방지 노력에 의해 핵확산금지조약이 1970년 발효됐으며, 이는 수평적 핵확산 금지 노력의 성과물이다. 핵확산금지조약의 목표는 첫 번째, 핵보유국은 핵미보유국에 핵기술이나 핵무기를 제공하지 않고, 두 번째, 핵의 평화적 사용을 위해 핵보유국은 핵발전 기술과 정보를 핵미보유국에 제공하고 국제원자력기구(IAEA)는 모든 국가의 핵발전 시설에 대한 정기적인 감독 권한을 보유하며, 세 번째, 핵보유국은 핵무기 경쟁을 중단하고 핵감축 노력을 추진한다는 것이다. 따라서 데탕트 이래 국제사회는 핵확산금지조약이라는 국제 레짐을 통해 핵확산을 규제하고 있으며, 이와 관련해 국제원자력기구가 핵확산금지조약 준수 여부를 감독 감시하는 체제가 유지되고 있다. 국제원자력기구는 원자력의 평화적 이용 증진을 위해 1957년 7월 발족됐다. 한국은 발족 다음 달인 8월에 가입했고 핵확산금지조약을 1975년 비준했다.

국제원자력기구의 핵사찰 문제와 관련해 핵미보유국은 핵확산금지조약의 불평등성을 지적하는데, 이 조약이 핵보유국의 기득권만을 보호하고 있다는 것이다. 또한 국제원자력기구의 사찰 능력의 한계가 지적되기도 하는데, 핵확산금지조약의 위반 사실이 발견될 경우 제재 수단이 제한되어 있다는 것이다. 실제로 인도·파키스탄·이스라엘 등은 핵확산금지조약에 서명하지 않았으며 북한은 2003년 핵확산금지조약을 탈퇴했다.

여타 통제 노력의 일환으로 핵무기를 운반할 수 있는 탄도미사일의 확산을 방지하기 위해 1987년 미사일기술통제레짐이 체결되어 미사일 기술 및 장치의 수출을 통제하고 있다. 한국은 2001년 미사일기술통제레짐에 가입했다.

한편 포괄적핵실험금지조약의 비준이 다시 추진됐으나 아직까지 발효되지 못하고 있는 실정이다. 이 조약은 핵보유국 및 비핵보유국의 새로운 핵개발을 막으면서 부분핵실험금지조약에서 제외된 지하 핵실험 등 모든 핵실험을 금지하자는 것이다. 1995년 뉴욕에서 개최된 핵확산금지조약 회의 때 체결 방침이 결정된 후 154개국이 포괄적핵실험금지조약에 서명했으나 비준국은 50여 개국에 지나지 않는다. 핵기술을 보유한 국가로서 조약 발효에 필수적인 44개국 중 한국을 포함해 26개국만이 비준한 상태이다. 미국·러시아·중국은 비준하지 않았고 파키스탄·인도·이란·북한 등은 서명에조차 참여하지 않았다.

이 외에도 2003년 6월 미국의 주도로 대량살상무기 확산방지구상이 출범됐는데, 대량살상무기와 미사일을 실은 의심스러운 항공기와 선박을

압수 수색할 수 있도록 하고 관련 물자의 거래를 차단하기 위한 목적을 가지고 있다. 한국은 옵서버 국가로 참여해오다가 2009년 북한의 핵실험을 계기로 확산방지구상에 전면적으로 참여하고 있다.

5. 한국의 핵개발

한국은 박정희 대통령이 핵무기 개발을 추진한 것으로 알려졌는데, 1972년 플루토늄 재처리 공장을 건설하기 위해 프랑스와 접촉했다. 그러나 미국의 압력으로 프랑스와의 계약이 취소된 데 이어 박 대통령의 사망 이후 핵개발은 중단됐다. 2010년 11월 출간된 하순봉 전 국회의원의 회고록에 따르면 1979년 11월 박 대통령은 1981년 국군의 날 기념식 때 한국의 핵무기를 대내외에 공개하고 하야 성명을 발표하면 김일성이 남침하지 못할 것이라고 말했다고 한다.

이후 노태우 대통령이 1992년 한반도비핵화를 선언함으로써 한국의 핵개발은 자동 포기됐다. 미국 군축협회(ACA)에 따르면 1991년 말 주한미군은 약 100개의 전술핵(전술핵무기의 약자로 핵미사일, 항공기 탑재 핵폭탄 등을 지칭)을 보유하고 있었던 것으로 알려진다.

...07

북한의 핵·체제 및 통일 문제

1. 북한 핵문제

1) 북한 핵무기

북한은 현재 플루토늄 239를 약 40kg 보유하고 있으며, 이에 따라 20kt 플루토늄 핵폭탄을 6~8개 정도 생산할 수 있는 것으로 알려져 있다. 다른 핵폭탄 제조 방법인 우라늄 235의 고농축과 관련해서는 2002년 10월 우라늄 농축 계획을 시인한 데 이어 2010년 11월에는 고농축우라늄 제조에 사용할 수 있는 원심분리기를 공개했다.

우라늄 핵폭탄이 플루토늄 핵폭탄보다 경량화될 수 있어 미사일에 탑재하기가 더 유리한 것으로 알려지면서 북한의 우라늄 농축이 주목받고 있다. 왜냐하면 미사일에 탑재하려면 1톤 정도의 탄두가 필요한데 북한의 경우 아직 기술적 미비로 탄두 중량이 2~3톤은 될 것으로 추정되기 때문이다. 따라서 현재 북한이 핵무기를 사용하려면 운반 수단으로 미사일이 아니라 전폭기를 이용해야만 한다. 북한의 전폭기로는 IL-28(Ilyushin 28), SU-25(Sukhoi 25), MIG-29 등이 있다. 2010년 1월 14일 한국의 이윤성 국회부의장은 미국 존스홉킨스대학 국제관계대학원의 한미연구소 초청 연설에서 전문가들의 견해를 인용하여 "북한의 핵무기 미사일 탑재를 위한 핵탄두 경량화 기술이 아직 완성 단계에는 도달하지 못했지만 빠른 시일 내 가능할 것으로 전망하고 있다"고 언급했다.

2) 북한 핵문제 경과

1950~1960년대는 외국 기술과 설비의 도입 단계 시기로 북한은 소련과 1956년 3월 원자력협정을 체결하고 중국과는 1959년 9월 원자력협정을 체결했으며, 1962년 외국에서 돌아온 학자들을 주축으로 영변에 원자력 연구소를 설립했다. 북한은 1974년 국제원자력기구에 가입함으로써 합법적으로 핵 관련 설비를 구입할 수 있는 계기를 마련하고, 1975년 최초로 g 단위의 플루토늄을 추출하는 데 성공한 것으로 알려졌으며 1977년 영변 소재 원자로에 대해 첫 사찰을 받았다.

북한은 1980년부터 5MW 원자로를 자체 기술로 건설한 후 1985년 12월 핵확산금지조약에 가입했다. 그러나 북한은 플루토늄 재처리 시설을 비밀리에 건설하기 시작하여 1987년경 이를 가동한 것으로 알려졌다. 이에 대해 미국은 위성 및 항공정찰을 통해 북한의 핵시설을 포착했으며, 국제원자력기구는 1992년 북한에 대해 임시 핵사찰을 시작하고 1993년 2월 미신고 핵시설에 대한 특별 사찰을 요구했다.

국제사회의 압력에 북한이 1993년 3월 12일 핵확산금지조약을 탈퇴한다고 선언함으로써 북한 핵문제는 국제사회 전면에 부상하기 시작했다. 핵확산금지조약 규정상 탈퇴 선언이 효력을 발휘하기까지는 3개월의 유예기간이 필요한데 유예기간 중 북한은 미국과의 직접 대화를 끌어내는 데 성공했다. 1993년 6월 11일 북한과 미국은 공동선언을 발표해 미국이 북한의 안보를 보장하고 북한과 미국 간 공식 대화를 지속해 나간다는 데 합의했다. 이로써 북한은 미국으로부터 공식적 대화 파트너로 인정받는 성과를 거뒀으며 핵확산금지조약 탈퇴 선언을 철회했다.

이를 계기로 1994년 6월 지미 카터(Jimmy Carter) 전 미국 대통령이 북한을 방문하고 북한과 미국은 10월 21일 제네바기본합의문에 서명했다. 합의문의 주요 내용은 미국이 북한에 경수로발전소를 건설하되 북한은 우선 핵원자로의 가동을 전면 중단하고 국제원자력기구의 감시를 허용하며 경수로발전소 건설이 완료될 때 핵시설을 완전 해체한다는 것이었다. 또한 미국이 경수로발전소가 가동될 때까지 북한에 매년 50만 톤의 중유를 공급한다는 것이 합의문에 포함됐다. 이에 따라 미국은 북한의 핵개발에 대한 투명성 확보를 추진하는 성과를 얻었으나 북한이 보유하고 있을지도 모르는 핵무기 및 관련 시설에 대해서는 아무런 영향을 미치지 못하는 한계를 노정했다.

북한과 미국의 제네바합의에 따라 1995년 3월 9일 북한에 경수로발전소 건설을 목적으로 하는 한반도에너지개발기구(KEDO)가 한국·미국·일본에 의해 설립됐다. 그러나 북한은 이후에도 비밀리에 핵무기 개발을 지속했으며, 2002년 10월 제임스 켈리(James Kelly) 미국 특사가 북한을 방문했을 때 고농축우라늄을 이용한 비밀 핵무기 프로그램의 존재를 시인했다. 한반도에너지개발기구는 2002년 11월 북한에 대한 중유 공급 중단을 결정했으며, 이에 대해 북한은 2002년 12월 핵시설 동결을 해제한다고 선언하고 국제원자력기구 사찰관을 북한에서 추방한 데 이어 2003년 1월 10일 핵확산금지조약 탈퇴를 선언했다. 그리고 한반도에너지개발기구 프로젝트는 종료됐다.

북한 핵문제 해결을 위해 2003년 4월 미국·중국·북한 3자회담이 베이

징에서 처음으로 개최됐다. 이후 러시아·일본·한국이 합류해 2003년 8월 이래 6자회담이 6차에 걸쳐 개최됐는데 1차(2003년 8월), 2차(2004년 2월), 3차(2004년 6월), 4차(2005년 7월), 5차(2005년 11월~2007년 2월), 6차(2007년 3월~2007년 10월)까지 개최됐다. 5차 6자회담은 3단계에 걸쳐 개최되어 2·13 합의에 이르렀는데, 이 합의의 주요 내용은 60일 이내 영변 핵시설에 대한 폐쇄 봉인 및 60일 이후 모든 핵프로그램에 대한 북한의 신고 등을 포함했다. 그러나 북한은 6자회담이 진행되는 중에도 2005년 2월 10일 핵보유를 선언하고 2006년 7월 5일 대포동2호를 발사한 데 이어 10월 9일에는 핵실험 실시를 발표하는 등 국제사회를 기만했다.

이후 6차 6자회담이 3단계에 걸쳐 개최되어 10·3 합의에 이르렀는데, 이 합의의 주요 내용은 2007년 말까지 재처리 시설과 핵연료봉 제조 시설에 대한 불능화 조치 및 핵프로그램에 대한 완전하고 정확한 신고 등이 포함됐다. 그러나 북한이 보유한 것으로 추정되는 핵무기와 핵폭발 장치는 연내 신고 대상에서 제외됐고 오히려 북한은 미국에게 북한을 테러 지원국에서 해제할 것을 요구했다. 미국 국무부는 매년 4월 국가별테러리즘보고서를 발표하여 국제적인 테러 행위에 직접 가담했거나 이를 지원하고 방조한 혐의가 있는 국가를 테러 지원국으로 분류하여 제재를 가해오고 있다. 북한은 1987년 대한항공기 폭파 사건으로 1988년 1월 테러 지원국으로 지정됐다가 부시 행정부 임기 말인 2008년 10월 해제됐다. 그러나 천안함 공격 및 연평도 포격 사건 이후 북한이 테러 지원국으로 재지정되어야 한다는 주장이 거론되고 있다.

북한은 2010년 11월 서울에서 G-20 정상회의가 개최되고 있을 때 지그프리드 헤커(Siegfried Hecker) 스탠퍼드대학 국제안보협력센터 소장을 북한에 초청하여 고농축우라늄 제조에 사용되는 원심분리기를 공개했다. 이 같은 북한의 행위는 자국의 핵능력을 과시함으로써 전 세계를 상대로 충격을 극대화하고 G-20 정상회의에 찬물을 끼얹으려는 의도에 의한 것이었다. 헤커는 방북 후 발표한 보고서를 통해 북한의 영변 핵연료 생산 공장 부지 내에 원심분리기 2,000개 규모의 우라늄 농축 시설이 존재한다고 발표했다.

3) 북한의 핵카드 목적

북한이 국제사회의 압력에도 불구하고 핵을 보유하려는 목적은 무엇인가? 무엇보다도 김일성에서 김정일 및 김정은으로 이어지는 3대 권력 세습의 기반을 구축하기 위해서이다. 즉, 공산주의 독재체제를 유지해 나가기 위한 것이다. 이와 함께 김정일의 권력 승계를 앞두고 핵무기 개발을 통해 군부의 위상을 강화함으로써 체제 생존을 위한 지지를 확보하려는 것이다. 또한 북한은 체제안보와 생존을 위한 대미 협상에 핵카드가 가장 유용한 수단이라고 판단하고 있다.

그러나 9·11 테러 이후 테러리즘과 대량살상무기 확산 차단은 미국 국가안보의 최대 과제이자 미국 정보기관의 최대 이슈가 됐다. 따라서 북한의 핵개발과 핵무기 운반 수단인 미사일 개발은 미국의 최대 관심 사항이 됐으며, 북한이 핵을 포기하지 않는 한 북한과 미국의 대립은 불가피한 상황이다.

2. 북한체제 문제

1) 주체사상과 북한체제

북한체제의 정치적 특성은 주체사상에 기초하여 수령의 유일적 영도체계와 혁명의 전위대인 공산당 일당, 즉 노동당에 의해 지배되는 공산독재세습체제이다. 북한은 대외적으로는 주체사상이 사람 중심의 세계관이라고 선전한다. 만물의 중심에 사람이 있다는 그럴듯한 내용은 많은 외국인들의 귀를 솔깃하게 만든다. 하지만 대외적인 선전 내용과는 달리 북한 내부에서는 만물의 중심인 사람을 지배하는 자가 수령이라고 가르친다. 즉, 수령은 만물의 중심인 사람을 다스리는 신적인 존재인 것이다. 이로써 주체사상은 수령체제를 위한 종교 교리와 같으며 수령은 이러한 교리를 바탕으로 신적인 존재가 되는 것이다. 외국인들은 북한의 이런 이중적 태도와 선전에 대해 알지 못한다. 왜냐하면 앞서 언급한 바와 같이 북한이 대외적으로 선전하는 주체사상은 사람이 만물의 주체가 되는 사람 중심의 사상이기 때문이다. 즉, 북한 내부에서의 주체사상과 대외적으로 선전하는 주체사상의 실체가 틀린 것이다.

요약하면 북한의 수령은 주체의 핵이며 당은 수령을 중심으로 하는 정치적 조직으로서, 북한체제는 수령의 유일적 영도 아래 통치되는 전체주의적 공산독재세습체제이자 수령체제이다. 또한 수령은 김일성만을 위한 호칭으로써 이는 수령의 자손만이 북한을 통치할 수 있는 근거인 동시에 세습의 기반이 된다. 김일성이 태어난 4월 15일은 북한에서 태양절이라고 부르는 최대 명절이다. 이처럼 김일성은 북한에서 철저하게 신격화되어 있다.

2) 체제 수호와 선군정치

(1) 선군정치 표방

선군정치란 군대를 선봉에 내세우는 것을 의미하는데, 북한은 선군정치를 '인민군대를 강화하는 데 최대의 힘을 넣고 인민군대의 위력에 의거해 혁명과 건설의 전반 사업을 힘 있게 밀고 나가는 정치'라고 정의한다. 북한은 2009년 4월 헌법 개정에서 '주체사상을 선군사상과 함께 지도적

지침으로 삼는다'(3조)라고 명시하여 기존의 주체사상에 선군사상을 추가했으며 이를 통해 선군정치를 제도화했다.

북한식 공산주의는 혁명과 건설의 제일선에 군대가 있다는 선군정치를 표방함으로써 노동자, 농민을 혁명의 핵심 역량으로 간주한 마르크스-레닌주의와 차별화된다. 북한의 선군정치 표방은 탈냉전이 진행되던 당시 동유럽과 구소련에서 주민 소요가 발생했을 때 군부가 동요하지 않고 무력으로 진압했더라면 사태가 달라졌을 것이라는 북한 지도부의 인식을 반영한다. 이는 군부를 앞세워 북한체제를 수호하려는 북한 지도부의 의도를 보여준다.

(2) 군부 장악과 군사력 강화

김정일체제는 선군정치 표방과 더불어 군부 장악 및 군사력 강화 추진을 특징으로 한다. 북한 군부는 북한의 예산과 자원 배분에서 우선적 특혜를 누리고 있다. 공식적으로는 북한 예산의 15.5%가 국방비로 책정된다고 하지만 실제 지출되는 군사비는 30% 이상으로 알려져 있다. 선군정치를 표방한 만큼 군부 우대 및 군부 중심의 통치가 불가피한 것이다. 그래서 2010년 9월 28일 개최된 당대표자회는 후계자로 내정된 김정은에게 군 대장 칭호를 부여했던 것이다. 정상적인 국가에서 지배자의 자손이 후계자가 되는 것은 물론 경험도 없는 자에게 군 대장 계급장을 달아주는 것은 있을 수 없는 일로, 이는 오직 북한에서만 가능하다. 또한 북한을 통치하기 위해서는 군부 장악이 절대적으로 필요하다는 사실을 보여준다.

이와 더불어 북한은 핵무기 운반 수단인 미사일 개발과 관련해 1998, 2006, 2009년에 대포동미사일을 시험 발사한 가운데 2010년 10월 10일 당 창건 65돌 행사 시 사정거리가 3,000~4,000km인 신형 중거리미사일을 최초로 공개했다. 이러한 북한의 핵·미사일 개발을 통한 군사력 강화는 군부의 위상을 높이고 궁극적으로는 북한체제의 생존을 유지하려는 의도에서 비롯되는 것이다.

3) 북한의 외교·대남·경제정책

(1) 외교정책

북한의 서방외교는 미국·일본·유럽연합 등과의 관계 개선을 통해 체제 보장과 경제적 실리 획득이라는 2가지 목표를 달성하는 데 중점을 두고 있다. 한편 동맹국인 중국·러시아와는 전통적인 우호 관계를 내세운 관계 긴밀화를 적극 추진하고 있다. 북한 헌법상으로는 최고인민회의가 이러한 북한 외교정책의 기본 원칙을 수립한다고 되어 있으나, 북한의 당 우위 체제상 모든 외교정책은 실제로 노동당에서 이뤄지고 있다. 노동당 중앙위원회에서 외교정책의 기본 방향이 결정되면 중앙위원회 산하 국제부에서 정책이 구체화된다. 그리고 최고인민회의에서 추인된 후 정책 집행은 외교부, 노동당 소속 대외경제위원회 및 대외문화연락위원회 등에 의해 집행된다.

그러나 무엇보다도 중요한 것은 북한체제의 특성상 주요 외교정책의 결정은 최고 영도자에 의해 직접 이뤄진다는 점이다. 현 김정일체제의 북한 외교정책은 체제 유지를 기본으로 국제적 고립 탈피에 역점을 두는 가운데 중국과 동맹 관계 유지, 러시아와 협력 강화, 미국·일본과 수교를 통한 관계 개선 등을 추구하고 있다.

(2) 대남정책

북한의 대남 전략에서 최우선적인 고려 사항은 체제 유지이다. 대남 관계 개선을 통한 다른 측면의 이익이 아무리 크다 하더라도 체제 유지에 위협이 된다면 포기할 수 있다는 입장이다. 북한은 체제 문제에 대해 민감한 반응을 보여왔다. 실례로 북한의 최고 권력기관인 국방위원회의 대변인은 2010년 1월 15일 한국 언론이 북한의 급변 사태(북한의 체제 붕괴를 상정한 북한 내 급작스러운 변화 사태)에 대비해야 한다고 보도한 내용을 문제 삼아서 보복 성전을 거론하며 비난했다. 그러고는 이로부터 이틀 후인 17일 김정일 국방위원장은 남한 타격을 상정한 3군 합동훈련에 참관하고 조선중앙방송은 사정거리 60km의 240mm 방사포 차량 10여 대가 담긴 사진을 공개했다. 그리고 2010년 1월 25, 31일, 2월 3일 서해 백령도와 대청도 인근 북방한계선 해상을 사격 구역으로 설정하고 해안포 사격을 실시했다. 한편 이러한 일련의 동향은 불과 2개월 후인 3월 26일 천안함 공격과 10개월 후인 11월 23일 연평도 포격으로 나타났다.

한편 북한은 외세가 아닌 한민족끼리 힘을 합쳐 자주적으로 핵문제를 해결해 나가자는 그럴듯한 민족 공조를 내세운다. 하지만 실상은 민족 공조를 구실로 미군 철수를 요구하는 것이다. 즉, 미군 철수가 핵문제 해결의 전제라고 주장한다.

(3) 경제난 심화와 경제정책

소련 및 동구권 몰락에 따른 탈냉전 때문에 이들로부터의 지원이 단절되자 북한의 경제난이 악화되기 시작했다. 이에 따라 북한은 1991년을 전후하여 경제정책의 방향을 전환했는데, 1990년 5월 농업·무역·경공업 등 3대 제일주의를 제시하고 1991년 12월 나진-선봉을 자유무역경제지대로 지정했다. 그럼에도 지속된 경제난으로 1993년을 전후해 계획경제체제가 흔들리기 시작했다. 식량 사정 악화로 식량 배급이 이뤄지지 않았고, 간부들은 시위를 이용한 부패 행위로 생활비를 조달했으며, 노동자들의 절도·강도·매춘·밀수 같은 범법 행위가 증대했다.

1994~1997년은 이른바 '고난의 행군'으로 불리던 가장 어려운 시기였다. 이 당시 북한 경제는 지속적인 마이너스 성장으로 공장 가동률이 20~30%로 하락해 사실상 계획경제체계가 붕괴됐다. 각 기관과 기업에 배급

을 자체 해결하라는 방침이 하달됐고 외화벌이 사업소가 경쟁적으로 설립됐다. 1994년부터 식량위기가 기근으로 발전하더니 1995년 대홍수를 계기로 기근은 더욱 확산됐다. 1995~1997년에는 콜레라, 파라티푸스 등 전염병이 창궐했으며, 1995년 말부터는 북한 주민의 중국으로의 탈북이 본격적으로 증대하기 시작했다. 처음에는 함경북도를 중심으로 탈북이 이뤄졌지만 1998년부터는 북한 전역으로 확대됐다. 북한 당국은 1996년부터 각 부문에 군을 투입해 경영을 장악하고 관리·통제 정책을 실시하기 시작했으며, 1997년 10월 김정일의 노동당 총비서 취임과 함께 김정일이 직접 경제 현지 지도에 나서면서 주민들에 대한 통제력은 더욱 강화됐다. 김정일의 노동당 총비서 취임을 계기로 북한은 중공업 우선의 자립적 민족경제노선을 강조하면서 공업 부문의 전력증산운동, 중공업 부문의 정상화, 농업 부문의 감자농사혁명, 토지정리사업 등 기존의 자립 경제 기초를 다지는 정책을 지속했다. 한편 국제적으로 대북 지원이 증대해 1998년 이후 북한의 경제난과 식량난은 다소 완화됐다.

2000년 이후 북한은 계획경제체제의 개선을 시도하기 시작했다. 2002년 7월 1일 경제관리개선조치(7·1 조치)를 통해 자본주의 시장 요소를 일부 받아들여, 국정가격제를 폐지하고 당과 군의 경제 개입을 최소화하여 경제 원리에 따라 경제가 운영되도록 했으며 물가 인상에 따른 근로자 임금 인상, 일부 인센티브 제도 도입이 이뤄졌다. 한편 2002년 9월 북한은 선군정치 시대의 경제 건설 방향을 제시하고 국방공업을 우선적으로 발전시켜 나가기로 했다. 이후 북한은 2009년 11월 인플레이션 억제, 재정 수입 확충, 시장경제활동 억제, 부정부패자 색출에 목적을 둔 화폐개혁을 단행해 계획경제를 강화하고 전통적 정책 기조를 유지함으로써 체제 안정을 도모하려 했다. 북한은 경제난을 타개하기 위해 안간힘을 쓰면서 체제 확립을 도모하고 있으나 근본적으로 재정 및 자원이 부족하고 국제적으로 고립되어 있어 한계에 직면한 상태이다.

2011년 북한 경제의 목표는 후계체제의 조기 안정과 강성대국에 진입하기 위한 기반을 조성하는 것이다. 후계자를 공식화한 북한은 앞으로 주민들의 경제생활 향상과 대외적인 경제환경 개선에 주력하여 경공업과 농업의 생산 증대, 과학기술 및 첨단산업 발전에 초점을 둘 것으로 전망된다. 그러나 북한 경제의 전망은 밝지 않은데, 자체적인 성장 동력을 확보하지 못해 연평균 2~3%의 낮은 성장률에 머물고 있고 매년 150만 톤 정도의 식량이 부족한 상황이다. 북한의 경제 발전을 제약하는 내적 요인은 군을 우선하는 선군정치의 지속이다. 이 때문에 자원의 효율적인 배분이 이뤄지지 못하고 있을 뿐 아니라 산업 가동률도 낮고 산업 인프라도 열악한 상황이다. 외적 요인은 국제사회의 대북 제재 지속, 남북경협 위축, 저조한 외국인 투자 유치 등이다.

한편 북한의 중국 의존도가 더욱 심화되고 있는데, 2006년 일본의 대북 경제제재 강화와 최근 남북 관계의 위축에 따라 중국에 대한 경제적 의존도가 심화됐다. 2010년의 경우 북한의 대중국 수출은 11억 8,780만 달러이고 수입은 22억 7,780만 달러로 10억 9,000만 달러의 적자가 발생했으며, 무역수지 적자는 해를 거듭할수록 늘어나는 추세이다. 북한과 중국 간 무역은 북한의 전체 교역 중 80% 정도에 달한다.

4) 북한의 권력 세습

(1) 김일성

김일성(1912년생)은 1940년 초 김성숙(1919년생)과 결혼하여 김정일(1942년생)과 김경희(1946년생)를 두었다. 그리고 김정숙 사망(1949년 6월) 1년을 전후하여 김성애와 재혼하여 김경진(1952년생), 김평일(1953년생), 김영일(1955년생)을 얻었다. 김일성은 인간관계가 원만한 동생 김영주 또는 자신을 빼닮은 김평일을 후계자로 생각했으나 혁명 1세대들의 반대로 김정일을 후계자로 결정했다고 알려진다.

(2) 김정일

김정일은 김일성대학 경제학부를 졸업했고 1991년 최고사령관, 1993년 국방위원장, 1997년 노동당 총비서를 승계했다. 1998년 주석직이 폐지된 가운데 김정일은 공식적으로는 국방위원장으로 불린다. 이와 관련해 2009년 4월 개최된 제12기 최고인민회의는 기존 1998년 헌법을 개정(총 7장 166조에서 172조로 증가)하고 국방위원장의 법적 지위와 권한을 명문화하여 '조선민주주의인민공화국 국방위원장은 조선민주주의인민공화국의 최고 영도자이다'라는 규정(100조)을 신설했다. 한편 최고인민회의 상임위원장은 형식상 국가를 대표하여 외국 외교사절의 신임장을 접수한다.

자녀는 성혜림(2002년 5월 사망)으로부터 김정남(1971년생), 고영희(2005년 5월 사망)로부터 김정철(1980년생), 김정은(1982년생), 딸 김여정(1988년생)을 두었다. 2011년 2월 16일 김정철이 수행원 10여 명을 대동하고 싱가포르에서 영국 가수 에릭 클랩턴(Eric Clapton)의 공연을 관람하는 장면이 일본 아사히 TV에 보도됐는데 북한의 경제난과 동떨어진 호화 해외 유람으로 입방아에 올랐다.

한편 김일성이 1994년 7월 8일 급성 심근경색으로 급사했는데 김정일도 신병(뇌졸중과 당뇨병의 합병증)으로 급사할 가능성이 있다고 한다.

(3) 3대 세습

후계자로 지명된 3남 김정은은 스위스 국제학교에서 유학했으며 그의 생일(1월 8일)은 김일성(4월 15일), 김정일(2월 16일)의 생일에 이어 국가 기념일로 추진되고 있다. 북한은 2010년 9월 28일 당대표자회를 개최하여 김정은에게 군 대장 칭호를 부여하고 당중앙군사위원회 부위원장에 선임했다. 당대표자회는 세습을 위해 조선노동당 규약을 개정하고 노동당의 기본 원칙이 당 건설의 계승성 보장이라고 밝힘으로써 3대 세습의 당위성을 강조했다. 북한의 규범 서열은 수령의 교시, 당 규약, 헌법, 기타 법률 순으로 당 규약이 헌법보다 상위에 있다. 당대표자회는 당 대회 사이에서 당의 노선과 정책 등 긴급한 문제를 토의 결정하기 위해 소집할 수 있도록 되어 있다. 북한에서 당 대회는 1980년 6차 당 대회 이후 열리지 않고 있으며, 당대표자회는 1958, 1966년에 이어 2010년 3번째로 개최됐으며, 당 중앙군사위원회는 노동당의 군사정책을 총괄하는 기관이다.

3대 세습과 관련해 양형섭 최고인민회의 상임위원회 부위원장은 2010년 10월 8일 인터뷰에서 "인민들은 김일성·김정일·김정은 동지로 3대째 이어지는 위대한 지도력에 자부심을 갖고 있다"고 주장했다. 이는 승계 문제와 관련한 북한 당국 고위 관계자의 첫 공식 언급이다. 한편 2010년 11월 조명록 국방위원회 제1부위원장이 사망했을 때 장의의원회 구성에서 김정은은 김정일에 이어 권력 서열 2위로 호칭됐다. 북한의 후계체제를 구축하기 위한 노력은 김정일의 건강 상태를 고려할 때 앞으로 가속화될 전망이다.

(4) 세습체제를 구축하기 위한 군사적 위협

북한은 선군정치를 내세우고 김정은으로 이어지는 세습체제를 구축하기 위해 군사적 위협을 지속해 나갈 것으로 예상되는데, 김정일의 건강 악화, 민심 동요 등 내부 불안이 증가할 때마다 대남 도발을 시도할 가능성이 있어 주목된다. 이와 관련해 북한은 핵과 미사일 개발을 포기하지 않고 이를 미끼로 국제사회를 상대로 체제를 보장받으려 할 것이며, 대남 관계에서는 강경 및 온건의 이중 전략을 구사하면서 한국으로부터 경제적 지원을 받아내는 데 초점을 둘 것으로 전망된다.

천안함 공격과 연평도 포격은 김정은으로의 안정적 후계를 위한 군사적 업적을 축적하려는 의도에서 비롯됐다고 지적되며, 북한이 운운하는 민족 공조 또는 평화통일 선전은 김일성-김정일-김정은으로 이어지는 세습과 체제 수호의 수단일 뿐이다.

3. 통일 문제

1990년 서독과 동독이 통일된 후 양 체제를 통합하는 과정에서 나타난 문제점과 후유증은 통일 문제와 관련 학계의 주요 연구 대상이 되고 있다. 독일이 통일된 해에 예멘도 합의통일됐는데, 예멘에서 내전이 일어난 과정이 학계의 연구 대상이 되고 있다. 두 사례의 공통점은 통일된 이후 국가의 통합 과정에서 많은 진통이 뒤따랐다는 것이다. 독일과 예멘의 예를 감안해볼 때 통일 문제에 대한 연구는 통일이라는 결과보다는 통일 이전의 통합 과정에 초점을 맞추는 것이 현실적으로 많은 도움이 될 듯하다. 이와 관련해 통합 과정에 초점을 둔 통합이론으로서 기능주의와 신기능주의에 대해 살펴보려 한다.

1) 통합이론(기능주의와 신기능주의)

통합은 2개 이상의 조직이 하나로 합쳐지는 것으로, 제도적·정치적으로 하나의 공동체를 단계적·평화적으로 창설해 나가는 과정을 의미한다. 통합의 궁극적인 목표는 정치적 통합의 달성인데, 이는 정치 통합이 이뤄져야 완전한 통합을 이뤘다고 할 수 있기 때문이다.

통합이론의 효시가 되는 기능주의(Functionalism)는 유럽 통합 추진의 기본 이론으로서 데이비드 미트라니(David Mitrany)가 제안했으며, 그는 국가 간 경제협력이 다른 분야의 협력으로 발전해 나간다고 주장한다. 즉, 경제 분야의 기능적 통합은 보이지 않는 손에 의해 사회 전체의 통합으로 저절로 발전하며 궁극적으로는 정치 분야의 협력으로까지 이르게 된다는 논리이다.

신기능주의(Neo-Functionalism)는 기능주의에도 불구하고 유럽 통합이 추진되지 않은 상황에서 에른스트 하스(Ernst Hass)에 의해 제시된 이론으로, 기능주의의 보이지 않는 손에 의한 자동성을 부인하며 통합을 위해서는 파급효과(Spillover)가 필요하다고 주장한다. 그중에서도 특별히 정치적 파급효과를 주장하는 것은 이런 효과를 이끌어내기 위해 국가의 정상 및 관료는 물론 정당 등 정치단체의 개입과 역할을 강조하는 것이다. 즉, 경제 분야의 협력을 진행하는 가운데 이를 더욱 촉진시키기 위해 정치 분야의 협력 병행을 강조하는 것이다.

2) 통합이론과 남북한 교류·협력

남북대화는 1970년대 초반 세계적인 데탕트 분위기에서 남북공동성명 및 남북적십자회담을 시작으로 진행됐다. 7·4 남북공동성명은 1972년 7월 4일 남북한 당국이 분단 이후 최초로 합의 발표한 공동성명이었으며, 남북적십자회담은 이산가족의 인도적 재회를 목적으로 추진되어 제1차 회담이 1972년 8월 29일 평양에서 개최됐다.

당시 한국의 대북정책 기조는 점진적이고 단계적인 기능주의 접근을 기반으로 적십자회담 같은 비정치적인 대화에서부터 상호 접근을 시작하는 것이었다. 한국은 남북적십자회담과 병행하여 남북고위급회담의 개최를 제의했으며 이에 따라 1991년 12월 13일 서울에서 고위급회담이 개최됐다. 그리고 남북한은 화해 및 불가침, 교류 협력 등에 관해 공동 합의한 남북기본합의서를 체결했다. 이는 기존 비정치적 분야에서의 교류를 넘어 정치적 분야까지 협력하는 신기능주의 접근 방식으로 설명된다.

이후 김대중 정부(1998년 2월~2003년 2월)는 정경분리 원칙에 따라 정치적 대화를 배제하고 당장 실현이 가능한 비정치 분야인 경제 교류와 민간이 주도하는 금강산 관광 및 대북 투자 확대를 추진하는 기능주의 접근을 시작했다. 그리고 2000년 6월 남북정상회담을 계기로 한국의 대북정책은 신기능주의로 발전해 나갔다. 이와 같이 한국 정부는 기능주의와 신기능주의이론에 바탕을 둔 대북정책을 지속적으로 추진해오고 있다.

3) 남북한 통일 접근의 차이

한국의 통일정책은 한민족공동체통일방안으로서, 기본 개념은 우선 민족의 화합을 이루기 위한 기능적 통합을 추진하고 국가 통일을 모색하는 것이다. 추진 방안은 화해 협력 1단계와 남북연합 2단계, 통일국가 건설 3단계를 거치는 것인데, 1단계에서는 비정치적 분야의 화해와 협력을 통해 민족의 동질감을 회복하고 정치 통합의 여건을 성숙시켜 나간다. 2단계에서는 남북 관계가 활성화된 가운데 통일국가 실현을 위한 법적·제도적 장치를 마련해 나간다. 3단계는 정치 통합을 실현하여 통일국가를 완성하는 단계로, 통일헌법안이 국민투표로 확정되면 남북한 총선거로 통일정부와 통일국회를 구성하고 남북 양 체제의 기구와 제도를 통합하여 통일을 완성함으로써 결과적으로 1민족 1국가 1체제 1정부를 이룬다.

이에 반해 북한은 처음부터 1민족, 1국가, 2제도, 2정부에 기초한 연방제 통일을 주장한다. 이는 진정한 민족의 통일보다는 국가 통일을 우선시하는 것이다. 독일과 예멘의 경우를 보더라도 통일 이후의 후유증과 통일비용의 최소화를 위해서는 통일 이전에 민족의 동질감을 회복하기 위한 민족 통합의 추진 과정이 우선시될 필요가 있다. 상호 간의 이질적인 요소를 극복하기 위해 노력을 기울이고 교류 증대와 더불어 화합 및 협력을 추구해 나가면서 서로 깊은 신뢰를 구축해야 하는 것이다.

이상을 종합해보면 남북의 통일 접근 방식에는 근본적으로 차이가 있음을 알 수 있다. 북한은 선 통일 후 통합을 주장하는 반면, 한국은 선 통합 후 통일을 강조한다. 한국의 입장은 앞에서 살펴본 기능주의와 신기능주의적인 접근을 의미하며 한국 주도의 통일 방안이 보다 현실적임을 알 수 있다.

4. 김정일 이후 북한체제

김정일 이후 북한체제는 어떤 모습일까? 한국이 주도하는 통일이 이뤄진다는 가정하에 4가지 유형의 가능성을 상정해볼 수 있다.

1) 4가지 가능성

(1) 기존 체제의 유지

김정은 후계체제가 자리를 잡아가는 가운데 북한이 기존 정책을 유지해 나가는 것을 의미한다. 즉, 주체사상과 선군사상을 고수하고 이와 더불어 핵무기 등 군사력 강화를 유지하는 데 정책의 초점을 두는 것이다. 이와 같은 기존 체제의 유지는 단기적으로 가장 가능성이 높은 모습이다. 그러나 세계경제질서로부터 동떨어진 북한 경제의 고립과 침체가 가중됨으로써 경제난 심화는 체제 위기를 초래하고 결국 여타 가능성으로 옮겨가게 될 것이다.

(2) 점진적 변화

점진적 변화의 모습은 북한이 대내외적인 압력에 적응해 나가는 과정으로 개방을 통해 변화를 받아들이는 것을 의미한다. 북한은 침체된 경제난을 타개하고 제2의 루마니아 사태를 막기 위해 개방정책을 추진할 수밖에 없으며 서방권과의 관계 개선을 추구한다. 남북한은 기능주의 및 신기능주의적 접근을 통해 화해 협력을 추구하며 이를 바탕으로 신뢰 관계를 구축해 나간다. 그리고 통합을 위한 제도적 장치를 마련해가면서 점진적으로 정치 통합을 이뤄낸다.

(3) 체제 붕괴

북한이 개혁 개방을 거부하고 대내외적으로 강경 정책을 고수하다가 붕괴의 길로 들어서는 것을 의미한다. 김정일이 사망한 이후 후계자 김정은이 북한 주민들로부터 지지를 확보하지 못하고 군부에 의지하여 권력을 유지해 나간다. 군부의 핵무기 개발 등 군사력 강화가 지속되는 반면, 경제난은 심화되어 민심 이반이 가속화된다. 아울러 북한을 이탈하는 행렬이 이어지면서 북한 내 극심한 혼란이 조성되고 반체제 세력이 조직되며 군부 등 북한 지도부의 분열상이 나타난다. 즉, 북한 내부에서 주민 봉기 등 반란에 따른 내전 가능성이 높아지면서 북한체제의 붕괴로 이어질 가능성을 말한다. 일종의 급변 사태가 발생하는 것이다.

(4) 전쟁

체제 붕괴 과정에서 나타날 수 있는 또 다른 가능성은 북한의 집권 세력이 내부 불만을 외부로 표출해 국면을 전환하고자 국지전 및 제한전을 벌이는 것이다. 이에 대해 한국이 강력 응징하면서 확전되어 국지전이 전면전으로 전개된다. 물론 전면전은 시간이 흐를수록 정당성을 보유한 한국에 유리한 전세로 흐르게 된다. 다만, 북한이 전세가 불리해질 때 핵무기를 사용할지 여부가 주목된다.

2) 가능성 평가와 과제

　이상의 4가지 가능성 중 한국에 가장 바람직한 것은 북한의 점진적 변화이다. 그럴 때 통일의 비용도 최소화될 것이다. 또한 한국이 고려해야 할 주요 요소는 유사시 중국의 반응이다. 왜냐하면 앞에서도 살펴봤지만 중국은 기본적으로 북한을 최소한의 안보 완충지대로 여기고 있기 때문이다.

　따라서 대안은 전쟁의 위험을 막는 가운데 북한의 연착륙(Soft Landing)을 유도함으로써 평화적 통일을 도모하는 것이다. 이로써 이상의 4가지 가능성 중 두 번째인 북한의 점진적 변화가 선호된다. 이를 위해 한국은 유리한 통일환경을 조성하고자 노력해 나가야 한다. 즉, 주변국들의 이해와 신뢰를 확보해야 하는데, 특히 중국의 우려를 불식시키기 위한 노력을 지속적으로 기울여야 한다. 그리고 무엇보다도 중요한 것은 국력을 결집하고 신장시킴으로써 내부 역량을 강화하는 일이다.

...08

정보와 정보 실패

정보는 안보의 수단이다. 즉, 위협으로부터 지키고 보호하기 위한 수단 중 하나가 정보인 것이다. 따라서 정보를 이해하면 안보에 대해 더 잘 이해할 수 있다. 역사적으로도 좋은 정보를 수단으로 전쟁에서 승리한 예가 많은데, 제2차 세계대전에서 연합군은 독일군의 암호를 풀어 효과적으로 기만함으로써 노르망디 상륙작전에 성공하고 이를 계기로 전쟁을 승리로 이끌 수 있었다. 이에 반해 사전 정보의 부재와 미비로 실패를 경험한 사례도 있는데, 한국의 6·25전쟁과 미국의 9·11 테러는 사전에 기습을 예측하지 못해 국가적으로 큰 손실을 초래했다.

이와 관련해 이번 장에서는 안보의 수단이 되는 정보와 정보 실패의 개념 그리고 정보 실패의 사례와 요인에 대해 살펴보고자 한다. 정보 실패의 사례는 제2장에서 살펴본 국제안보 연구의 접근 방법 중 하나에 해당한다.

1. 정보란 무엇인가?

우리는 무한 경쟁 시대에 살고 있다. 경쟁은 상대적인 개념으로서, 경쟁한다는 것은 경쟁 대상인 상대를 이기기 위한 것이고 그래서 경쟁자는 상대의 약점과 강점을 알고 싶어 한다. 바로 상대에 대한 지식이 정보인 것이다. 첩보가 상대에 대해 검증되지 않은 자료라면 정보는 검증된 자료이다. '소 잃고 외양간 고친다'라는 속담을 참고해볼 때 정보란 소를 잃고 나서 왜 소를 잃어버리게 됐는지 결과를 조사하는 것이 아니라 소를 잃기 전에 미리 대책을 세우고 예방하는 개념인 것이다.

국가 차원의 정보는 국가정보가 된다. 국가정보는 국가의 안보와 이익을 지키기 위한 수단인 것이다. 미국의 정보학자 셔먼 켄트(Sherman Kent)는 정보(Intelligence)란 지식, 활동, 조직을 포함하는 개념이라고 정의했다. 따라서 국가정보란 켄트의 이론을 적용해볼 때 '국가안보와 관련해 국가 차원의 비밀성을 내포한 지식, 활동, 조직'으로 정의할 수 있다. 여기에서 지식은 정보를 의미하고 활동은 정보를 얻기 위한 4가지 정보활동인 수집, 분석, 비밀공작, 방첩을 지칭한다. 또한 조직이란 정보를 생산하는 정보기구를 말한다.

다음에서는 지식과 활동 및 조직에 대한 주요 내용을 살펴봄으로써 정보에 대한 이해를 넓히고자 한다.

1) 지식

정보는 쉽게 획득되는 것이 아니라 검증되지 않은 무수한 자료 수준의 첩보(Information)를 수집 분석하여 만드는 것이다. 어떤 대상에 대한 정보가 요구될 때 첩보를 수집하고 분석 생산하여 정보를 필요로 하는 자에게 제공하는 일련의 과정을 정보의 순환(Intelligence Cycle)이라고 한다. 즉,

정보 순환은 특정 목적하에 계획적으로 수집됐으나 아직 검증되지 않은 자료인 첩보가 분석 과정을 거쳐 검증된 지식으로 만들어지고 이 정보가 정책 결정권자에게 배포되는 일련의 과정을 의미한다. 이러한 순환 과정을 통해 정책 결정권자에게 제공된 정보는 정책 결정을 지원하는 도구로 쓰인다.

따라서 지식(Knowledge)은 요구→수집→처리→분석→배포의 단계가 환류(Feedback)를 통해 지속적으로 반복되는 정보의 순환으로 설명된다. 이 단계에서 처리는 수집된 첩보 중에 암호나 특수 외국어를 분석관이 인식할 수 있도록 해독하거나 번역하는 작업을 의미한다.

이 순환 과정을 함축적으로 표현하면 '비밀에서 정책까지(From Secret to Policy)'라고 할 수 있다. 여기에서 비밀은 정보를 의미한다. 미검증된 자료 수준의 첩보에 대한 검증이 완료되면 국가 차원의 비밀성을 내포한 지식으로서의 정보가 되는 것이다. 따라서 '비밀에서 정책까지'는 '정보에서 정책까지'라고도 말할 수 있다. 이처럼 정보는 국가안보와 국가이익을 지키고 보호하기 위해 국가정책을 결정하는 정책 결정권자에게 지원된다. 즉, 국가정보는 국가안보의 위협을 사전 예방·예측·경고 및 대응하는 수단이다. 이상의 내용으로 미루어 볼 때 정보와 안보는 매우 밀접한 관계를 형성하고 있음을 알 수 있다.

2) 활동

활동(Activity)으로서의 정보는 수집, 분석, 방첩, 비밀공작 등 4가지로 구분되며, 각각에 대해 살펴보면 다음과 같다.

(1) 수집

수집(Collection)은 검증되지 않은 자료(Raw Data) 수준의 첩보를 모으는 활동을 의미한다. 첩보를 수집하기 위한 방법으로는 3가지가 있다. 첫 번째, 사람을 활용하는 인간정보(Human Intelligence: HUMINT) 수집, 두 번째, 기술 수단에 의한 기술정보(Technical Intelligence: TECHINT) 수집, 세 번째, 비밀 활동에 의하지 않고 공개된 정보를 수집하는 공개정보(Open Source Intelligence: OSINT) 수집이 있다. 첩보 수집은 이 3가지 방법으로써 보완되어 수집될 때 시너지 효과를 얻을 수 있는 것이다.

인간정보 수집을 위해서는 정보기관의 정보관(Intelligence Officer, 공작관(Case Officer)이라고도 함)이 주요 역할을 하고, 정보관은 공작원(Agent)을 물색 채용하여 수집 활동을 전개해 나간다. 기술정보 수집으로는 통신 등 신호를 수집하는 신호정보(Signal Intelligence: SIGINT), 항공기나 인공위성 등에 탑재된 촬영 장비를 통해 수집하는 영상정보(Imagery Intelligence: IMINT) 등의 수집 방법이 있다.

기술정보 수집은 관련된 기술을 보유하고 예산을 확보해야 하는 한계가 있으나 인간정보로는 불가능한 방대한 양을 수집할 수 있다는 장점이 있다. 그러나 기술정보 수집으로는 인간의 의도와 심리 상태를 수집할 수 없다. 한편 정보관은 수집된 많은 첩보 중에 필요한 것과 필요하지 않은 것을 잘 분류하여 본부에 전달할 수 있어야 한다. 이는 통상 '밀과 왕겨(Wheat versus Chaff)' 문제에 비유되는데, 왕겨를 골라 버린다고 알맹이인 밀까지 버려서는 안 된다는 것이다.

정보학자 윌리엄 도허티(William Dougherty)는 첩보 수집이 통상 인간정보 수집에 의해 8%, 기술정보 수집에 의해 12%, 나머지 80%는 공개정보 수집에 의해 이뤄진다고 지적한다. 여기에서 인간정보와 기술정보에 의한 수집이 20%를 차지하는데, 이들은 비밀 활동을 통해 이뤄지며 이 활동이 바로 정보기관이 존재하는 이유이다. 한편 최근 인터넷의 발달로 공개정보도 중요한 역할을 한다. 테러 조직들도 인터넷을 활용하여 조직원을 모집하고 서로 연락하는 추세이기 때문으로 공개정보의 중요성은 앞으로 더욱 부각될 전망이다. 따라서 정보기관에게는 공개정보의 효율적인 수집 또한 긴요하다고 볼 수 있다.

인간정보 수집은 첩보 수집의 가장 기본적인 방법으로서 수집의 주체는 스파이로 지칭되는데, 중국의 손자(孫子)는 이미 기원전 600년경 활용방법에 따라 스파이를 5가지 종류로 분류했다. 첫 번째, 적국의 일반 주민을 활용하는 향간(鄕間), 두 번째, 적의 관리를 매수하는 내간(內間), 세 번째, 적의 스파이를 역용하는 반간(反間), 네 번째, 허위 정보를 갖고 적에게 파견되어 사실이 밝혀질 경우 죽는 사간(死間), 다섯 번째, 살아 돌아와 보고하는 생간(生間) 등이다.

2010년 미국과 러시아 간에 스파이 맞추방 사건이 발생했다. 미국 정보당국은 6월 미국에서 활동 중이던 러시아 스파이 10명을 검거했다. 이들은 러시아 정보기관 소속으로 미국 사회에 자연스럽게 침투하기 위해 신분을 위조하여 오랫동안 미국인으로 위장 생활을 해오던 중 검거됐다. 이들은 러시아에서 스파이 활동을 하다가 체포되어 복역 중이던 미국 스파이 4명과 7월 오스트리아에서 맞교환됐다.

만일 미국 사회에 침투한 러시아 스파이가 미국 정보기관이나 백악관에서 근무했다면 어떤 결과가 발생했을지 상상만으로도 잘 알 수 있다. 또 다른 스파이의 예를 들어보자. 영국 정보기관 요원으로서 소련 국가보안위원회(KGB)의 스파이였던 킴 필비(Kim Philby)는 북한의 6·25 도발 당시 미국 워싱턴 주재 영국대사관에서 파견 근무 중이었는데, 중국공산당 군대가 한반도에 개입하더라도 미국이 원자폭탄을 사용하지 않음으로써 전쟁이 중국 본토로 확전되지 않을 것이라는 정보를 입수했다. 필비는 이를 소련에 보고했고 이를 기반으로 중국공산당 군대는 한반도에 개입할 수 있었다. 이처럼 한 명의 스파이가 국가의 미래를 바꿔놓을 수도 있는 것이다.

(2) 분석

첩보는 셀 수 없을 정도로 많으며 그중에는 기만된 내용도 많다. 검증되지 않은 무수한 첩보들은 분석을 거쳐 검증된 지식으로 바뀌는데, 이런 검증되지 않은 첩보를 검증된 지식인 정보로 만드는 과정이 분석(Analysis)이다. 따라서 분석이란 '중요한 국가이익의 증진을 목적으로 첩보에 대한 체계적인 검증을 통해 의미 있는 사실관계를 규명하고 파급 영향을 예측 평가하며 대책을 수립하고 정보를 생산하는 국가정보기관의 활동'으로 정의된다.

어떤 활동이든 오류를 줄이기 위해서는 반드시 분석이 필요하다. 그리고 이 과정에서 상대방이 흘린 첩보를 가려내야 한다. 이와 같은 지적인 활동을 전개하기 위해서는 관련 문제를 오랫동안 다뤄온 분석관이 필요하며, 그렇기 때문에 분석관에 대한 부단한 교육과 훈련이 중요하다. 분석관은 국가이익과 국가정책에 대한 올바른 이해와 함께 담당 분야에 대한 풍부한 전문 지식을 가져야 한다.

정보활동으로서의 분석과 일반 학문적 분석을 비교한다면, 양측 분석 모두가 사회현상의 인과관계를 과학적으로 규명한다는 점에서는 공통적이지만, 정보 분석은 국가안보와 국가이익 문제를 대상으로 삼고 비공개 첩보를 활용하여 정책 결정권자가 원하는 시점에 정보를 공급해야 하는 시간적 제약을 포함한다. 즉, 적시성이 있어야 하는 것이다.

(3) 비밀공작

비밀공작(Covert Action)은 적극적인 수단이 되는 정보활동으로, 단어가 주는 의미처럼 비밀스럽고 은밀하게 만들어가는 것이며 국내가 아닌 해외를 대상으로 한다. 즉, 다른 국가의 상황이 자국의 외교정책 목표를 실현하는 데 유리하도록 은밀히 환경을 조성해가는 것이다. 비밀공작은 타국의 정치 상황에 영향을 미칠 목적으로 수행되는 것으로, 다른 국가에 대한 내정간섭에 해당할 수도 있기 때문에 비밀리에 추진된다. 냉전 시기에 미국은 소련에 대해 우위를 차지하고 공산주의 팽창에 적극 대응하면서 국가이익을 확보하기 위한 적극적인 수단으로 비밀공작을 활용했다.

비밀공작의 장점은 신속하고 조용한 가운데 자국의 외교 목표를 달성하며 비용이 적게 든다는 것이다. 한편 비밀공작은 개입 사실이 노출될 경우 국제적 비난 여론은 물론 대상국과의 외교단절을 초래할 위험 부담이 있는 만큼 비밀 유지가 절대적이며, 만일의 경우에 대비해 '그럴듯한 부인(Plausible Deniability)'을 마련해놓아야 한다. 즉, 개입을 설득력 있게 부인할 수 있는 방안이 사전에 준비되어 있어야 하는 것이다.

비밀공작의 유형은 보통 4가지로 분류되는데 첫째, 대상국 내 여론을 자국에 유리하게 조성하는 선전공작(Propaganda Action)이 있다. 예를 들어 영국의 정보기관은 세계대전 때 미국의 참전 여론을 조성하기 위해서 영국 정부 명의로 홍보하는 것보다는 출처를 숨기는 편이 더 효과적이었기 때문에 친영 성향의 미국 언론을 내세워 미국의 참전을 옹호하는 기사가 게재되도록 선전공작을 실시했다. 선전공작에는 라디오, 신문, 전단 살포 및 인터넷 등이 활용된다.

둘째, 특정 국가의 내부 정세를 자국에 유리한 방향으로 바꾸기 위한 정치공작(Political Action)이 있다. 주로 자국에 우호적인 세력에게 비밀리에 재정을 지원하는 방법이 사용되는데, 특정 후보의 당선 지원은 물론 정당, 노조, 언론 등에 대한 지원도 은밀하게 진행된다. 예를 들어 냉전 시인 1982년 미국 중앙정보국(CIA)은 활동이 불법화된 폴란드 자유노조에 비밀리에 자금과 장비를 지원했으며, 이에 따라 자유노조는 지하에서 존속될 수 있었고 결국 1989년 2월 부활해 동구 민주화를 이끌어내는 불씨가 되었다.

셋째, 대상국의 경제를 혼란시키거나 경제 기반을 붕괴시킴으로써 궁극적으로 자국의 정치적 목적을 달성하려는 경제공작(Economic Action)이 있다. 예를 들어 냉전 시 미국은 레이저와 인공위성을 활용하여 소련의 핵미사일 공격을 무력화시키기 위한 전략방위구상을 추진했는데, 레이건 대통령은 1983년 3월 1조 달러의 전략방위구상을 발표하고 실험 결과를 과장 발표함으로써 소련의 막대한 예산 낭비를 유도했다. 이는 소련에 고비용의 지출을 강요함으로써 경제 탈진을 통해 소련 붕괴를 도모하려는 미국 중앙정보국 경제공작의 일환이었다. 소련의 외무장관이던 알렉산드르 베스메르트니크(Alexander Bessmertnykh)는 미국의 전략방위구상으로 소련 붕괴가 앞당겨졌음을 이후 인정했다.

넷째, 대상국 정부를 전복할 목적으로 군사력을 이용하는 준군사공작(Paramilitary Operation)이 있다. 예를 들어 1979년 12월 소련이 아프가니스탄을 침공한 데 대해 미국 중앙정보국은 아프가니스탄 이슬람 반군인 무자헤딘에 비밀리에 자금과 무기를 제공하고 훈련을 지원하여 군사적으로 소련에 대항하게 하는 공작을 약 10년간 전개했다. 무자헤딘의 저항으로 소련은 군인 1만 명 이상 사망, 항공기 및 헬기 500여 대 격추, 전쟁 비용 500억 달러 출혈 등의 손실을 입고 결국 1989년 2월 아프가니스탄에서 병력을 철수했다.

미국을 중심으로 한 냉전 시기의 국제관계를 정확히 파악하려면 중앙정보국이 자국의 외교정책을 지원하기 위해 전개했던 비밀공작을 이해할 필요가 있다.

(4) 방첩

방첩(Counterintelligence)은 사국 내 다른 국가의 정보활동을 막아냄으로써 자국의 정보를 지키는 것이다. 오늘날 한국에서는 첨단산업 분야의 기술을 유출하려는 산업 스파이 사건이 끊이지 않고 있는데, 이러한 산업 스파이로부터 국가안보와 국가이익을 보호해야 한다. 따라서 방첩이란 '외국인 또는 이와 연계된 내국인에 의한 국가안보 및 국가이익의 저해 행위를 색출·견제·차단하고 이를 역용·기만하기 위해 관계 기관에서 수행하는 각종 대응 활동'으로 정의할 수 있다.

탈냉전, 특히 9·11 테러 이후 초국가적 위협이 크게 부각되면서 방첩의 대상이 적국, 경쟁국가의 정보기관에서 테러 및 마약 밀매 집단 등 국제범죄 조직으로 확대되고 있다. 따라서 포괄적 안보 시대에는 테러 및 국제범죄 또한 방첩의 주요 대상이 된다. 이처럼 방첩은 자국의 정보를 보호함으로써 정책을 지원하는 수단으로, 수집과 비밀공작이 창에 해당한다면 방첩은 방패에 해당한다고 볼 수 있다.

앞에서 살펴본 바에 의하면 정보는 안보의 주요 수단이다. 따라서 정보를 잘 활용하는 지도자가 유능한 지도자이며 또한 국민이 정보활동을 잘 이해할 때 국가이익도 크게 증진될 수 있다.

3) 조직

조직(Organization)으로서의 정보는 활동을 수행하는 정보기구를 지칭한다. 따라서 정보기구는 필요한 정보를 생산하기 위해 특별히 훈련된 인원과 시설, 장비를 갖춘 조직을 뜻한다. 미국의 경우 대표적인 인간정보 수집 정보기구는 중앙정보국이고, 방첩을 담당하는 정보기구는 연방수사국(FBI)이며, 신호정보 수집을 담당하는 정보기구는 국가안전국(NSA)이다. 한편 기능 면에서 미국의 중앙정보국과 연방수사국에 해당하는 러시아의 정보기구는 해외정보부(SVR)와 연방보안부(FSB)로서, 이들은 구소련의 국가보안위원회가 해체된 후 분리됐다.

미국과 소련 간에 정보전이 치열했던 냉전 시대가 종식됐음에도 오늘날 정보기구의 필요성은 날로 증대하고 있는데, 이는 탈냉전 이후 국가안보를 위협하는 요소가 더 확대됐기 때문이다. 무한 경쟁의 치열한 국제환경 속에서 국가를 보위하고 생존해 나가려면 경쟁국가의 의도와 계획 그

〈표 8-1〉 주요 국가정보기구

구분	해외 정보 담당	국내 방첩 담당	기타
미국	중앙정보국 (CIA)	연방수사국 (FBI)	미국의 정보기구는 총 16개로 여타 정보기관은 다음과 같다. - 국토안보부(DHS, 테러정보 종합) - 국가안전국(NSA, 신호정보 담당) - 국가정찰국(NRO, 영상정보 수집) - 국방정보국(DIA, 군사정보 수집) - 국가지구공간정보국(NGA, 영상정보 분석) - 정보조사국(I&R, 국무성 소속으로 국제 정세 분석) - 마약단속국(DEA, 마약정보 수집) - 에너지부 정보실(핵에너지정보 수집) - 재무부 정보분석실(금융정보 수집 분석) - 육·해·공·해병대·해안경비대 각 정보국 * 9·11 테러 이후 창설된 국가정보장(DNI)이 16개 정보기관 총괄·조정
영국	비밀정보부 (SIS)	보안부 (SS)	정부통신본부(GCHQ, 신호정보 담당)
러시아	해외정보부 (SVR)	연방보안부 (FSB)	참모본부 정보총국(GRU, 군사정보 수집)
프랑스	대외안보총국 (DGSE)	국토감시청 (DST)	
독일	연방정보부 (BND)	헌법보호청 (BfV)	
중국	국가안전부	국가안전부	공공안전부(공안 업무, 치안 유지)
이스라엘	모사드 (MOSSAD)	신베쓰 (SHIN BETH)	아만(AMAN, 군정보기관)
일본	내각정보조사실	경찰청	
북한	국가안전보위부	국가안전보위부	여타 정보기구 - 정찰총국(대남 공작 및 테러 담당) - 통일전선부(대남 정세 분석, 남북대화 담당)
한국	국가정보원 (NIS)	국가정보원 (NIS)	

리고 그 능력에 관해 종합 평가를 내릴 수 있는 국가정보기구가 절대적으로 필요하다.

2. 정보 실패

1) 정보 실패의 개념과 종류

정보 실패(Intelligence Failure)는 국가이익이나 안보에 치명적인 영향을 미칠 수 있는 현상을 제대로 예측하거나 판단하지 못함으로써 국가적으로 상당한 손실이 발생하게 되는 상황을 의미한다. 국제안보 연구의 접근 방법 중 하나가 사건에 대한 연구라는 점에서 정보 실패에 대한 연구는 주요 사건이자 사례에 대한 연구이면서 미래에 대한 교훈을 제공한다.

정보 실패의 종류로는 경고 실패, 정보 오판, 정책 실패, 정보의 정치화 등이 있다. 첫 번째, 경고 실패(Warning Failure)는 정보기관이 기습 공격을 제때 알아차리지 못해 사전에 경고하지 못함으로써 발생하는 것이다. 예를 들어 1941년 12월 일본의 진주만 기습, 1950년 북한의 6·25전쟁 도발, 1950년 10월 중국의 6·25전쟁 개입, 1990년 8월 이라크의 쿠웨이트 침공, 2001년 9·11 테러 등이 이에 해당된다. 이 중에서도 한국의 6·25전쟁과 미국의 9·11 테러는 대표적인 경고 실패의 사례로 지적된다. 정보기관이 사전 징후를 포착하고 경고하여 미리 대비했다면 예방할 수 있는 사건이었던 것이다. 9·11 테러의 경우 진상조사위원회의 최종보고서에 의하면 미국은 정보 통합 관리의 실패로 9·11 테러를 무산시킬 수 있는 기회를 수차례 상실한 것으로 나타났는데, 미국의 정보기관으로 신호정보 수집을 담당하는 국가안전국이 사전 항로 답사를 위해 쿠알라룸푸르를 방문한 테러리스트 3명의 통화를 감청했으나 이를 전파하지 않은 것으로 드러났다. 이와 관련해 미국은 2004년 12월 정보 개혁 및 테러 예방법의 제정을 통해 정보 통합의 관리 목적으로 미국 16개 정보기관의 기능을 총괄 조정하는 국가정보장이라는 직책을 신설했다.

두 번째, 정보 오판(Intelligence Misjudgement)은 적의 능력을 과소·과대평가함으로써 발생하는 상황으로, 예를 들어 1979년 1월 이란에서 팔레비 정권이 붕괴되기 전 미국 중앙정보국은 아야톨라 루홀라 호메이니(Ayatollah Ruhollah Khomeini) 세력이 팔레비 정권을 무너뜨릴 정도는 아니라고 과소평가했다. 그러나 정권은 붕괴되어 팔레비 왕은 망명했고 11월 호메이니를 추종하는 일부 세력이 팔레비 왕의 신병 인도를 요구하면서 테헤란 주재 미국대사관을 점거했다. 이에 따라 미국인 인질들(외교관 및 대사관을 경비하던 해병대원 등 53명)이 444일간 억류됐으며, 당시 미국과 이란의 외교 관계는 단절됐다.

세 번째, 정책 실패(Policy Failure)는 정책 결정권자의 무시 및 오판으로 잘못된 정책 결정이 내려진 데 따른 정보 실패이다. 예를 들어 1965년 미국의 린든 존슨(Lyndon Johnson) 대통령은 베트남에 대한 지상 군사개입을 반대하는 중앙정보국의 보고서를 무시했다. 한편 이오시프 스탈린(Iosif Stalin)은 1941년 독일이 소련을 침공할 것이라는 정보기관의 경고를 묵살했다.

네 번째, 정보의 정치화는 정보를 생산하는 생산자인 정보기관과 정보를 제공받는 사용자인 정책 결정권자의 쌍방향에서 일어난다. 즉, 정보기관이 정책 결정권자의 선호에 맞게 정보를 왜곡하여 생산하는 것을 의미하는 한편, 정책 결정권자가 자신이 선호하는 방향으로 정보를 생산하도록 정보기관에 압력을 가하는 것을 의미한다. 이로 인해 정보기관의 정보가 조작되거나 왜곡됨으로써 정보 실패가 발생하는 것이다. 관련 사례로는 2003년 3월 미국이 테러 전쟁의 일환으로 이라크를 공격할 당시 중앙정보국이 부시 대통령의 선호에 맞게 정보를 생산했다는 일부 학자들의 지적을 들 수 있다. 미국이 이라크를 공격할 수 있었던 명분은 이라크의 대량살상무기 보유였는데, 중앙정보국은 이라크의 대량살상무기가 이전에 모두 폐기됐음을 알고 있으면서도 이라크 공격을 원하는 부시 대통령의 선호에 맞춰 정보를 생산했다는 것이다. 물론 미국의 이라크 공격이 정보 실패라고 단정 지을 수는 없지만 정책 결정 과정에서 이뤄진 정보의 정치화로 설명할 수 있는 사례이다. 결국 미국의 이라크 공격 이후 이라크에서 대량살상무기는 발견되지 않았으며, 당시 여론 공세에 책임을 지고 중앙정보국 부장 조지 테넷(George Tenet)이 사임했다.

앞의 내용을 전체적으로 감안해볼 때 정보 실패의 종류 중 경고 실패와 정보 오판은 생산자인 정보기관으로부터, 정책 실패는 사용자인 정책 결정권자로부터 비롯된다. 한편 정보의 정치화는 생산자, 사용자 중 어느 한쪽 또는 양측이 동시에 원인을 제공함으로써 발생한다는 것을 알 수 있다. 중요한 것은 정보 사용자인 정책 결정권자가 정보 생산자인 정보기관에 대해 정보 생산의 독립성·객관성·중립성을 보장해야 하고 정보 생산자인 정보기관은 지적 용기를 갖고 객관적인 입장에서 정보를 판단하는 정보 지원 역할을 충실하게 수행해야 한다는 것이다. 즉, 정보 실패를 방지하기 위해서는 생산자와 사용자 양측의 노력이 긴요하다.

한편 정보 실패의 사례를 보면 경고 실패가 대부분의 중요 사건을 차지하고 있음을 알 수 있다. 그만큼 정보기관의 역할이 중요하며 기습에 대한 정보기관의 경고가 안보에 매우 중요하게 작용하고 있음을 알 수 있다. 그래서 정보 실패는 기습에 제대로 대비하지 못한 상황으로 간단히 지칭되기도 하는데, 정보학자 마크 로웬탈(Mark Lowenthal)도 기습 대비가 정보기관의 가장 중요한 임무라고 강조했다. 적시에 필요한 경고 정보가 요구되는 것이다.

2) 정보 실패와 정보 성공의 사례

비슷한 사건도 경우에 따라 정보 실패와 정보 성공을 교차한다. 1990년 8월 이라크가 쿠웨이트를 침공했을 때 이러한 이라크의 기습을 제때에 알아차리지 못한 것은 사전 경고에 실패한 사례이지만, 1961년에는 이라크가 쿠웨이트를 침공하기 전에 이라크의 식민 종주국이던 영국의 정보기관이 효과적으로 경고를 발함으로써 이라크의 기습을 막을 수 있었다. 또한 1968년 민주화운동을 전개했던 체코는 소련을 비롯한 바르샤바조약국들의 침공을 받았으나, 1980년 자유노조 활동에 따른 폴란드 위기 때는 미국이 서방국가들과 협력하여 소련의 침공 가능성을 차단할 수 있었다. 이후 1990년 자유노조 출신의 레흐 바웬사(Lech Wałęsa)는 폴란드의 대통령으로 당선됐고, 이와 함께 폴란드 자유노조는 동구권 민주화의 불씨가 되면서 1991년 소련 연방 붕괴에 기여했다.

한편 정보의 실패와 성공이 혼합된 사례도 있다. 1962년 10월 소련이 쿠바에 미사일을 설치함으로써 발생한 위기와 관련해 미국 중앙정보국이 미사일 설치를 사전에 예방하지 못한 것은 정보 실패로 볼 수 있으나, 이후 첩보기인 U-2기의 영상 사진 촬영으로 쿠바 내 미사일 설치를 확인하고 쿠바 해상 봉쇄와 같은 효과적인 대처로 미사일 설치를 좌절시킨 것은 정보 성공의 결과라고 말할 수 있다. 또한 1982년 4월 아르헨티나의 포클랜드 기습은 이를 막지 못한 영국 정보기관의 정보 실패로 볼 수 있으나, 아르헨티나군이 포클랜드에 상륙하기 직전에 영국이 경고를 통해 미국의 지지를 유도해냄으로써 결국 전쟁 승리를 이끌어낸 것은 정보 성공의 결과로 볼 수 있다.

통상적으로 정보 실패의 사례는 방송 매체에 쉽게 노출되어 일반에 알려지는 반면, 성공 사례의 경우는 정보활동의 비밀 및 보안성으로 좀처럼 드러나지 않는 경향이 있다. 정보는 정책 결정을 지원하는 안보 수단이며 올바른 정보의 적시성 있는 지원은 안보 확립을 위해 매우 긴요하다. 따라서 국가의 치명적 손실을 가져오는 정보 실패가 발생하지 않도록 하는 예방 노력이 절대적으로 필요하다.

3) 정보 실패의 요인

(1) 생산자 요인

정보 실패를 불러오는 요인 중 생산자인 정보기관으로 인한 요인은 첩보 수집의 부족과 분석관의 인지적 오류를 들 수 있다. 첩보 수집의 부족은 앞에서 살펴본 3가지 첩보 수집 방법인 인간정보 수집, 기술정보 수집, 공개정보 수집 중 어느 1가지에만 지나치게 의존할 경우에 일어난다.

분석관의 인지적 오류(Cognitive Failure)와 관련해서는 4가지가 지적되는데, 첫 번째는 거울 이미지(Mirror Image)이다. 이는 상대방의 동기와 가치를 자신과 동일한 것으로 착각하는 것으로, 익숙하지 않은 상황에 대해 판단을 내릴 때 자신에게 익숙한 상황에 근거해 판단을 내리는 것을 의미한다. 제2차 세계대전 중 미국은 일본이 미국을 공격할 것이라는 정보를 가지고 있었지만 하와이가 공격당하리라고는 예상하지 못했다. 왜냐하면 당시 항공기 작전 능력상 일본의 항공기가 하와이까지 왔다가 다시 일본으로 돌아갈 수 없음을 감안했던 것이다. 즉, 미국은 일본이 자신과 동일한 가치 기준을 가지고 있다고 판단했지만 일본 측은 자국으로 돌아갈 수 없는 상황에서 자폭을 선택했다.

두 번째는 집단 사고(Group Think)로서, 이는 어떤 문제에 대해 집단적으로 사고하려 하고 개별 의견이 허용되지 않는 분위기에서 발생하는 오류이다. 집단 사고의 예로는 2003년 3월 미국의 이라크 공격을 들 수 있다. 이는 앞서 언급한 정보의 정치화 외에 집단 사고로도 설명된다.

세 번째는 편견 및 고정관념의 위험성으로서, 편견의 경우는 클라이언

티즘(Clientism)으로 설명된다. 즉, 분석관이 비판적 분석 없이 특정 국가의 입장을 대변하는 경향을 의미한다. 예를 들어 분석관이 자신도 모르게 자신이 담당하는 지역 및 국가에 대해 편견을 가질 수 있다는 것이다. 한편 고정관념은 관례 집착으로 설명되기도 하는데, 이는 자신의 과거 지식에 대해 과도하게 신뢰하는 경향의 오류를 의미한다.

네 번째, 경고 피로(Alert Fatigue)는 늑대 소년 효과로도 지칭된다. 이는 평소에 경고에 노출되어 있지만 정작 결정적인 순간의 경고를 무감각하게 받아들이는 것이다. 분석관은 이상의 인지적 오류들을 피하기 위해 직관성과 전문성을 함양하고 자기 계발을 위해 부단히 노력해야 한다.

또 다른 생산자 요인에는 정보의 배포 지연과 정치화가 있다. 정보의 순환에서 배포는 사용자인 정책 결정권자에게 정보를 공급하는 단계로서, 배포 시 가장 중요한 것은 사용자가 원하는 시점에 정보가 제공되어야 한다는 것이다. 즉, 적시성이 있어야 한다. 정보는 예방을 위한 것이기 때문에 시기를 놓친다면 의미가 없다. 즉, 소 잃고 외양간을 고치는 것이 아니라 소를 잃기 전에 미리 예방하고 대비해야 하는 것이다. 이와 함께 생산자에 의한 정보의 정치화가 발생해서도 안 된다.

(2) 사용자 요인과 조직 요인

정책 실패에서 살펴봤듯이 정보 실패는 사용자가 생산자의 정보를 무시하거나 오판하는 데서 비롯된다. 그리고 사용자에 의한 정보의 정치화도 피해야 할 요소이다.

앞서 살펴봤지만 미국 국가안전국이 사전 항로 답사를 위해 쿠알라룸푸르를 방문한 테러리스트 3명의 통화 감청 내용을 전파 경고하지 못한 것은 조직 체계의 결함으로 기관 간 정보 공유가 미흡한 데 따른 것이다. 이와 관련해 미국은 9·11 테러 이후 16개 정보기관을 총괄하는 직책의 국가정보장을 신설했다.

조직의 관료화를 예로 들면, 1998년 도널드 럼즈펠드(Donald Rumsfeld) 국방장관은 북한이 5년 내 미국 본토에 도달할 수 있는 미사일을 개발할 것으로 판단했다. 이는 국방비 증액 및 미사일 방어를 추진하려는 의도하에 비롯된 과대 판단이었다. 즉, 다른 기관에 대한 경쟁의식과 조직 이기주의에 의해 적의 위협을 과장한 것이었다.

… 09

글로벌 거버넌스

1. 개념

1) 통치와 협동통치

오늘날 복잡한 사회문제는 정부 혼자서 해결할 수 없으며, 정부는 다양한 행위자와 상호작용을 통해 발전을 추구해 나간다. 공공 문제를 해결하기 위한 정부의 결정, 즉 정책을 결정하는 데 정부가 일방적으로 결정하는 통치 개념인 거버먼트(Government) 능력에는 한계가 있다. 이에 비해 거버넌스(Governance)는 정부에 의한 일방적인 통치가 아니라 민관의 공동통치이자 협동통치인 협치의 개념이다. 즉, 사회문제를 해결하기 위해 정부와 다양한 영역의 행위자가 함께 권위와 책임을 공유하는 사회적 조정 메커니즘이 거버넌스 개념인 것이다. 다양한 행위자로는 민간단체, 기업, 전문가 및 개인 등이 있으며, 냉전 시대에 거버넌스는 이념에 눌려 있다가 탈냉전 이후 본격적으로 연구되기 시작했다. 거버먼트의 가치가 권력 집중, 위계적 조직, 다수결의 원리라면 거버넌스의 가치는 권한 부여, 네트워크 조직, 소수자 보호, 신뢰, 협력, 연대 등이라고 볼 수 있다.

2) 글로벌 거버넌스

거버넌스가 한 국가 차원의 협치라면 글로벌 거버넌스(Global Governance)는 지구적 차원의 협치이다. 오늘날 지구촌 사회의 복잡한 문제는 하나 또는 몇몇 국가에 의해 해결될 수 없으며, 국제사회의 다양한 행위자 간 협력 또는 상호작용으로써 해결될 수 있다. 국제사회의 다양한 행위자로는 국가뿐만 아니라 정부 간 기구(IGO), 비정부기구, 전문가, 다국적 기업 등이 있다. 글로벌 거버넌스는 테러리즘·환경·보건·금융·대량살상무기 등 초국가적 문제를 해결하기 위한 지구적 차원의 공식적·비공식적인 기구, 규칙, 활동의 집합체라고 말할 수 있다. 따라서 글로벌 거버넌스 체제가 잘 작동하려면 협치가 이뤄져야 하고 행위자들의 활동은 규칙에 의해 규제되어야 한다.

국가의 힘과 권력을 중시하는 현실주의 사조가 지배적이던 냉전 시대에는 글로벌 거버넌스 개념이 부각되지 않았으나, 탈냉전 이후 자유주의 사조가 우세해지면서 이 개념이 부상했다. 따라서 글로벌 거버넌스 개념은 국제사회의 다양한 행위자와 협력의 중요성을 주장하는 자유주의를 기반으로 하고 있음을 알 수 있다. 또한 글로벌 거버넌스는 신자유주의의 상호 의존 배경에서 갈등을 관리하기 위한 규제 장치인 국제 레짐과도 밀접한 관계에 있다. 글로벌 거버넌스가 민간단체를 포함한 다양한 행위자가 참여하는 협치의 메커니즘이라면 국제 레짐은 협상 결과 국가를 포함한 행위자 간 합의를 바탕으로 이뤄진 질서를 의미한다. 오늘날 국제 레짐을 설정하기 위한 논의 과정에 비정부기구도 행위자로서 적극 참여하고 있는데 이는 글로벌 거버넌스의 메커니즘을 보여주는 좋은 예이다.

2. 글로벌 안보 거버넌스

글로벌 거버넌스의 개념이 탈국가·탈군사·탈냉전 특성을 포괄하는 데 따라, 이 개념의 등장은 안보 영역에서도 변화를 일으키는 계기가 됐고 탈냉전이라는 국제환경 변화와 세계화·정보화라는 급격한 변동에 의해 다양한 이슈가 안보를 위협하는 새로운 요인으로 등장했다. 전통적으로 안보 개념과 안보 현상은 국가를 중심으로 하는 국가안보에 집중됐으나, 탈냉전을 계기로는 포괄적 안보 개념에 따라 안보 영역과 범위가 확대됐다. 즉, 냉전 시기에는 국가를 위협으로부터 지키는 국가안보에 집중했으나 탈냉전 이후에는 지구촌을 다양한 위협으로부터 지키려는 글로벌 안보 또는 국제안보가 부각됐다. 따라서 글로벌 안보 거버넌스는 글로벌 안보 문제를 해결하기 위해 국제사회의 다양한 행위자들 간에 이뤄지는 상호작용의 메커니즘 및 협치를 의미한다.

예를 들어 1997년 캐나다 오타와에서 체결된 대인지뢰전면금지협약(오타와협약)은 비정부기구들이 주도하여 국제지뢰금지운동을 전개하고 각국에 압력을 가하여 짧은 기간 내에 서명이 완료됐다. 이는 글로벌 안보 거버넌스 체제에서 이뤄진 국제 레짐이었다. 탈냉전 시대에 포괄적 안보 개념이 부상한 가운데 민간 영역의 행위자까지 참여하여 안보 문제를 해결하는 글로벌 안보 거버넌스가 형성됐다. 이처럼 비정부기구는 국제 레짐 채택에 주요 행위자로 참여하고 있는데, 물론 비정부기구는 국가처럼 서명을 통해 국제 레짐을 결정하는 주체는 아니다. 그러나 비정부기구는 국제 레짐이 만들어지도록 영향력을 행사하고 있어 앞으로 글로벌 안보 거버넌스의 주요 행위자로서 그 역할은 더욱 증대될 것으로 예상된다.

글로벌 거버넌스가 지구촌을 위협하는 문제를 해결하기 위한 논의의 장에 모든 행위자가 참여하는 체제라고 할 때, 글로벌 거버넌스 그 자체가 글로벌 안보 거버넌스로 간주되기도 한다. 이와 관련해 다음에서는 글로벌 거버넌스를 이루는 행위자인 국가, 정부 간 기구, 비정부기구, 전문가, 다국적 기업에 대해 살펴보려 한다. 특히 글로벌 거버넌스의 핵심에 위치한 유엔에 대해서도 살펴볼 것이다.

3. 글로벌 거버넌스 행위자

1) 국가

거버넌스 시대에 공공 문제는 정부에 의해서만 해결될 수 있는 것이 아니다. 즉, 정부가 공공 문제를 독점하던 시대는 지나갔다. 정부는 여타 행위자인 시민단체, 기업과 균형을 이루면서 이들과의 협력을 강화하고 있으며 환경·인권 등 다양한 분야에서 거버넌스 체제가 제도화되어가는 추세이다. 국가는 또한 글로벌 거버넌스의 핵심적인 행위자로서 글로벌 문제 해결을 위해 다른 국가, 국제기구 및 다국적 기업 등과 협력을 강화해 나간다. 그러나 글로벌 거버넌스에서 국가가 정책 결정의 결정적 주체이며 핵심적인 행위자임을 부인할 수는 없다.

한편 미국과 같은 패권국가는 지배적인 지위를 활용하여 글로벌 거버넌스가 자국의 이익을 증진시키는 방향으로 이뤄지도록 영향력 강화를 추진한다. 그러나 글로벌 거버넌스 체제에서는 어떠한 패권국가도 다른 국가와 협력 없이 활동하는 것은 불가능하다. 예를 들어 미국은 유엔에서 거부권을 가지고 있는 여타 4개 안보리 상임이사국과 협력하지 않으면 안 된다. 이처럼 패권국가인 미국 또한 글로벌 거버넌스의 일원으로서 협력해야만 하는 것이다.

중간 규모의 국가들도 집단적으로 활동함으로써 중요 역할을 수행할 수 있다. 예를 들어 안보리 상임이사국의 확대를 반대하는 유엔 내 커피클럽 국가들은 안보리의 새로운 상임이사국이 되기를 희망하는 독일·일본·브라질·인도 등을 견제하고 있다. 이들 국가가 상임이사국이 되려면 유엔헌장을 개정해야 하는데, 이를 위해서는 모든 상임이사국의 찬성과 함께 유엔회원국 2/3의 지지가 필요하다. 커피클럽은 커피 모임을 통해 1998년 결성된 국가 간 비공식 모임으로 유엔회원국의 1/2 이상이 참여하면서 힘을 과시하고 있다.

저개발국가 그룹인 77그룹 국가들 역시 1974년 국제경제질서인 관세 및 무역에 관한 일반협정(GATT)에 대항하여 신국제경제질서(NIEO)를 주장했는데, 이들의 요구가 선진국들에 의해 수용되어 무역상의 특혜인 일반특혜관세제도(GSP)의 확대와 외채 구제 프로그램 등의 혜택이 이뤄졌다. 이처럼 국가 간 결속 및 연대는 영향력을 행사하며, 마찬가지로 글로벌 거버넌스 체제에서는 소규모 국가들이라 할지라도 집단적으로 연대할 때 중요 역할을 수행할 수 있다.

2) 국제기구

국제기구는 회원국들의 공동 이익 추구를 목적으로 하며, 주권국가들 사이 — 정부 간이든 비정부 간이든 — 에 이뤄진 합의에 따라 형성된 공식적이고 지속적인 구조이다. 국제기구는 3개국 이상의 회원국으로 이뤄지며 공식적인 조직과 규정을 가지고 있는 조직체를 의미하는데, 2개국만 참여하는 경우는 국제기구라기보다는 양자적 혹은 상호 협력체의 성격이 강하다고 볼 수 있다. 국가를 유일한 행위자로 여기는 현실주의가 우세했던 시절에 국제기구라고 하면 정부 대표가 참여하는 정부 간 기구만을 지칭하는 경향이 강했으나 글로벌 거버넌스 시대에는 비정부기구 또한 국제기구에 포함된다.

한편 현실주의는 국가를 유일한 행위자로 봄으로써, 국제기구가 결국 강대국의 의사에 의해 만들어지고 강대국의 도움을 통해 운영되며 강대국의 이해를 반영하는 데 불과하다고 여긴다. 이에 반해 자유주의는 국제기구의 독립적 영향력을 인정함으로써 국제기구 역시 중요한 행위자이고 국제기구를 통해 국가 간 협력이 촉진된다고 본다. 특히 신자유주의 제도주의자들은 국가 간 협력에서 국제기구 등 행위자들이 참석한 가운데 형성된 국제 제도와 국제 레짐의 역할을 강조하고 있다.

(1) 정부 간 기구

우리에게 많이 알려진 동남아시아국가연합(ASEAN), 아시아-태평양경제협력체(APEC), 유럽연합, G-20, 세계무역기구, 석유수출국기구(OPEC), 경제협력개발기구(OECD), 나토 등이 정부 간 기구에 해당한다.

이 중 G-20은 2008년 세계 금융·경제위기 발생을 계기로 선진국과 신흥국 간 정책 공조를 위해 설립됐으며, 정상회의 등을 통해 세계경제 및 금융정책 현안에 관한 대화를 확대하여 안정적이고 지속 가능한 세계경제 성장을 위한 협력을 증대해오고 있다. 별도의 사무국 없이 의장국이 임기 1년간 사무국 역할을 수행하는데, 한국은 2010년 의장국이었다. 20개 회원국은 G-7(미국·일본·영국·프랑스·독일·이탈리아·캐나다), 브릭스(브라질·러시아·인도·중국·남아공), 멕시코, 사우디아라비아, 한국, 호주, 인도네시아, 아르헨티나, 터키, 유럽연합 의장국으로 구성된다. 그동안 2008년 11월 워싱턴 1차 정상회의, 2009년 4월 런던 2차 정상회의, 2009년 9월 피츠버그 3차 정상회의, 2010년 6월 토론토 4차 정상회의, 2010년 11월 서울 5차 정상회의, 2011년 11월 칸 6차 정상회의가 개최됐다.

특히 서울에서 개최된 G-20 정상회의(2010년 11월 11~12일)에서는 국제통화기금 개혁 추진과 관련해 신흥국의 비중을 반영하여 선진국들이 보유하고 있는 국제통화기금 총출자액의 60% 쿼터(지분) 중 6% 이상과 이사국 2석을 신흥국으로 이전하고 국제통화기금 재원을 2배로 늘려 나가는 데 합의했다. 국제통화기금에서 의결권 행사는 1국 1표가 아니라 보유하고 있는 쿼터에 비례하여 이뤄진다. 또한 서울에서 열린 정상회의는 비정부기구들도 참석한 가운데 처음으로 개도국들의 입장을 고려하여 개발의제를 다뤘으며 글로벌 금융 안전망을 논의했다는 점에서 의의가 있다. 이처럼 정부 간 기구는 비정부기구에 협의체 자격을 부여해 함께 활동하면서 밀접한 협력 관계를 형성하며, 비정부기구에서 만들어진 국제적 합의는 정부 간 기구의 중요 의제가 되기도 한다.

(2) 비정부기구

비정부기구는 비정부, 비영리 민간단체로서 공익을 추구하며 궁극적으로는 인간의 삶의 질을 높이는 데 목적이 있다. 비정부기구는 추구하는 가치와 목표 등을 성취하기 위해 대안을 제시하고 주권국가들의 행동을 감시하며 이들 국가가 국제적 약속을 준수하는지 감시하는 것으로 주권국가의 정책에 영향을 미친다. 비정부기구의 주된 관심은 환경·인권·아동·여성 등 대개 주권국가가 해결하기 어려운 영역을 향해 있다. 주권국가는 다양한 이해를 취합하고 반영해야 하는 입장에 있기 때문에 특정한 쟁점에 대해 주도적으로 해결을 도모하기가 어렵다. 예를 들어 환경기준을 강화하려는 정책은 국내 산업을 위축시켜 제조업체의 반발을 초래할 수 있다. 인권 문제와 관련해서도 인권을 침해하는 주체가 국가 자체인 경우도 있어 직접 나서서 해결하기가 쉽지 않을뿐더러, 중국 인권 문제의 경우처럼 외교적인 마찰을 일으킬 수도 있다. 예를 들어 중국 정부는 2010년 12월 반체제 인사인 류사오보(劉曉波)의 노벨평화상 수상을 반대하고, 미국 등 국제사회의 류사오보 석방 요구를 자국에 대한 내정간섭으로 규정하여 거부했다. 중국의 거센 압력으로 노르웨이에 대사관을 유지하고 있는 65개 외국 대사관 중 이집트, 사우디아라비아 등 15개국은 노벨평화상 시상식(류사오보가 참석하지 못한 채 진행)에 불참했다.

글로벌 시민사회에서 비정부기구의 기능은 크게 이슈의 공론화 기능(감시 및 규범 설정), 집행 및 교육 기능으로 구분된다. 첫 번째, 이슈의 공론화 기능이다. 예를 들면 비정부기구들이 국제적으로 연대해 국제지뢰금지운동(ICBL)을 결성하고 대인지뢰에 대한 세계 여론을 조성하여 14개월 만에 122개국이 대인지뢰전면금지협약에 서명하도록 했다. 이와 같은 공로로 이 기구는 1997년 노벨평화상을 수상했다. 또한 내전에 의한 난민 실태 등을 조사 평가하며 국가들의 행동을 감시한다. 그리고 이러한 조사 및 감시 내용을 국제기구, 언론 등에 제공하여 이슈를 공론화시킨다. 한편 정부 및 국제기구에 자문, 로비 등을 통해 정책 결정에 영향을 미치기도 한다. 예를 들어 국제 비정부기구인 케어(CARE)는 1997년 8월 북한의 식량위기와 관련해 평가단을 파견하여 조사 활동을 전개하고 국제사회의 북한에 대한 식량 지원을 이끌어내기도 했다.

두 번째, 집행 기능이다. 내전 및 지진 등으로 발생한 난민에 대해 긴급 구호와 같은 봉사 활동을 전개한다. 예를 들어 국제 비정부기구인 옥스팜(OXFAM)은 동티모르·코소보·르완다의 난민 구호 등 긴급한 인도적 구호가 필요한 곳에서 적극적인 활동을 전개했으며, 집행 과정에서 유엔난민고등판무관실(UNHCR), 유엔아동기금(UNICEF) 등 유엔의 기구들과 파트너가 되어 협력하기도 했다. 즉, 집행 과정에서 여타 비정부기구와 연대하여 공동으로 행동하고 각국 정부, 정부 간 기구로부터 자금을 지원받는다.

세 번째, 교육 기능이다. 예를 들어 긴급 구호와 같이 물고기를 직접 나눠주는 방식을 채택하기도 하지만 물고기 잡는 방법을 알려주는 교육 기능을 수행하기도 한다. 이와 관련해 아프리카에서 에이즈 예방을 위한 보건교육 프로그램 및 문맹 퇴치 프로그램을 실시하는 한편, 식량 생산을 위한 프로그램 이외에 개발 프로그램을 통해 중소기업의 창업을 지원하기도 한다.

　탈냉전을 계기로 각국의 민주화가 발전했으며 더불어 1990년대에는 비정부기구가 비약적으로 성장했다. 2011년 현재는 유엔경제사회이사회로부터 협의 지위를 부여받아 활동하는 3,400여 개의 국제 비정부기구를 포함해 각국에서 활동하는 풀뿌리 비정부기구까지 합하면 수백만 개의 비정부기구가 존재한다. 한편 국제적으로 활동하는 주요 비정부기구로는 국제사면위원회(AI), 국경없는의사회(MSF), 국제환경단체(Greenpeace), 아동구호기금(SCF), 국제지뢰금지운동, 국제투명성기구(TI) 등이 있다.

3) 전문가

　정부기관, 연구소, 사기업, 대학 등 각 분야의 전문가들은 세계적 이슈를 다루기 위해 국제적인 노력을 기울여왔다. 이들은 초국가적인 네트워크의 일원으로 국제회의와 협상에 참여해 해결책을 제시해오고 있다. 영토 장벽이 허물어지는 세계화 시대와 글로벌 거버넌스의 체제에서 이들 전문가의 역할은 더욱 부각되고 있다. 이런 전문가, 학자들의 네트워크를 지칭해 지식 공동체라는 새로운 표현이 만들어지는가 하면 21세기를 전문가 및 지식인의 시대라고 부르기도 한다.

　또한 전문가 각 개인은 정부 간 기구는 물론 비정부기구 등 민간 영역을 포함한 모든 행위자를 연결시키는 고리가 되기도 한다. 이들이 학회에 발표하는 논문은 전문성을 개발하고 새로운 지식을 전하는 등 다른 행위자들이 가지지 못한 융통성을 발휘하여 전문성을 강화함으로써 글로벌 거버넌스 체제를 발전시키는 원동력이 되고 있다.

4) 다국적 기업

(1) 개념과 현황

다국적 기업(MNCs)은 한 국가에 본부를 두고 한 곳 또는 그 이상의 외국에서 기업 활동을 추구하며, 다국적 기업의 수와 영향력은 제2차 세계대전 이후 세계경제의 팽창과 함께 크게 확장됐다. 기업 본부는 모국에 있지만 경쟁력을 높이기 위해 인건비가 저렴한 제3국에서 상품을 생산하고 판매는 주로 해외에서 이뤄진다. 복수 국적의 다국적 기업은 본부가 제3국으로 이동하기도 하는데, 특정 국가에 속하지 않는다는 의미로 초국적 기업이라고 지칭되기도 한다.

다국적 기업의 투자는 중국 등 신흥 시장에 집중되고 있는데, 이는 제조업 중심의 직접투자로서 노동력이 풍부해 임금이 싸고 노동의 질이 좋은 국가로 생산 기지가 이전하는 경향을 가리킨다. 최근에는 은행·금융·법률·교육 서비스 부문으로도 다국적 기업의 진출이 이뤄지고 있다.

(2) 다국적 기업의 영향

다국적 기업에 대한 긍정적인 견해는 첫 번째, 투자 수용국인 개도국의 고용을 창출한다는 것이다. 즉, 투자를 통해 일자리가 만들어짐으로써 개도국 내 고용이 증대된다. 두 번째, 산업화와 경제 발전에 필요한 자본과 기술을 개도국에 제공함은 물론 선진 경영 기법과 기업 문화 등을 전함으로써 개도국의 국제 경쟁력을 제고시킨다는 것이다.

다국적 기업에 대한 비판적 견해는 첫 번째, 기업의 이익에만 관심이 있다는 것이다. 즉, 투자 수용국인 개도국이 필요로 하는 투자에 대해서는 무관심하다는 것인데, 예를 들어 개도국은 고용을 창출하고 산업화를 촉진시킬 수 있는 투자를 필요로 하지만 다국적 기업은 코카콜라·커피 같은 기호 식품 산업에 투자해 이익을 거두는 데만 관심이 있다는 것이다.

두 번째, 초기에는 자본을 가지고 들어오지만 정착 후에는 투자 수용국의 자본시장으로부터 자본을 조달한다는 것이다. 다국적 기업은 제공한 기술에 대해 높은 로열티를 요구할 뿐만 아니라, 투자 수용국의 입장에서는 다국적 기업의 기술 이전으로 인해 종속성이 심화되는 결과가 일어날 수도 있다. 또한 다국적 기업이 모국에 송금하는 자본 유출의 규모가 투자 금액을 초월한다.

세 번째, 기업의 이익을 위해 투자 수용국에 정치적인 영향력을 행사한다는 것이다. 예를 들어 1970년 칠레의 사회주의자인 살바도르 아옌데(Salvador Allende) 대통령 후보가 다국적 기업의 국유화 등을 집권 공약으로 내세우자 칠레에 진출해 있던 미국계 국제전화전신회사(ITT) 및 아나콘다 구리회사는 아옌데를 낙선시키기 위해 칠레 우익정당의 재정을 지원했다.

이러한 비판적인 견해에도 불구하고 다국적 기업에 의한 직접투자는 모든 국가에서 선호되고 있다. 어찌 됐든 다국적 기업은 개도국에 자본과 기술을 제공할뿐더러 다국적 기업에 의한 고용 창출이 기대되기 때문이다. 한편 한국과 같은 신흥 공업국들이 해외 자본 유치를 통해 경제성장을 성공적으로 이끌어낸 사실은 다국적 기업에 대한 부정적인 인식을 많이 개선시켰다. 또한 다국적 기업에 대한 모국 내 부정적 인식도 존재하는데, 다국적 기업이 모국의 경제에 악영향을 미친다는 것이다. 즉, 모국의 생산 시설과 일자리를 해외에 유출시킴으로써 실업 문제를 일으키고 기술을 유출시킨다는 것이다.

(3) 글로벌 거버넌스와 다국적 기업

거버넌스와 다국적 기업은 다양한 행위자 간 협력이라는 자유주의 사조를 기반으로 하고 있지만 거버넌스 체제에서 민간 영역은 비정부기구 활동 등을 통해 기업에 영향력을 행사한다. 즉, 비정부기구가 기업의 생산 활동 전반을 감시하고 문제를 제기함으로써 기업의 지위가 위축되기도 한다. 한편 신자유주의 이데올로기가 기업 간 자유로운 경쟁을 주장하고 기업의 이익을 옹호하는 등 기업 지배의 모델을 제시하는 반면, 거버넌스는 기업에 대한 시민의 규제와 통제 확대를 주장하는 등 시민이 주도하는 모델을 제시한다는 점에서 거버넌스와 신자유주의의 관계가 상호 모순적이라는 시각도 존재한다. 즉, 신자유주의는 기업의 지위와 역할의 확대를 주장하는 모델이지만 거버넌스는 기업의 지위와 역할을 위축시키는 모델을 제시한다는 것이다. 이에 대해 다국적 기업은 기업의 시민 정신을 추구하면서 자체적으로 윤리 강령을 채택하고 사회적 책임과 공헌을 통해 글로벌 사회 전체의 삶의 질을 개선코자 노력하고 있다.

다국적 기업들은 원활한 글로벌 거버넌스를 위해 글로벌 차원의 규제와 통제 노력에 참여하기도 하는데, 예를 들어 다국적 기업은 유엔이 주도하는 비정부기구와의 글로벌협약에 자발적으로 참여하고 있다. 글로벌협약은 유엔에 의해 2000년 10월 출범됐으며 기업은 인권을 보호하고 모든 형태의 강제적·의무적 노동의 철폐에 협력하며 아동노동의 근절, 환경친화적 기술의 개발과 보급을 촉진해 나간다는 내용을 중심으로 노동·인권·환경보호 3대 영역에 초점을 맞추고 있다. 한편 경제협력개발기구는 다국적 기업들이 자발적으로 지켜야 할 행동 규범을 정해 이들이 정보공개를 적극적으로 할 것과 투자 수용국 정부의 법률과 정책에 협력할 것을 권유하고 있다.

4. 유엔

1) 창설

유엔은 국제연맹의 실패를 거울삼아 구상된 새로운 집단안보체제로서

1945년 10월 24일 유엔헌장 발표로 공식 창설됐으며, 글로벌 안보 거버넌스의 핵심을 이룬다. 특히 제2차 세계대전 이후 글로벌 거버넌스의 중심적인 역할을 수행해오고 있으며, 전 세계 거의 모든 국가가 회원국으로 참여하는 유일한 정부기구이기도 하다. 다음에서는 유엔의 6개 주요 기관인 안보리, 총회, 경제사회이사회, 국제사법재판소, 신탁통치이사회, 사무국의 주요 내용과 유엔의 재정 문제 및 최근 주요 이슈로 부상한 안보리 개편 문제를 살펴보려 한다.

2) 유엔의 6대 주요 기관

(1) 안보리

안보리는 국제 평화와 안보를 유지하는 주요 책임을 담당하는데, 이러한 역할을 수행하는 것과 관련된 조항은 유엔헌장 제6장과 제7장에 규정되어 있다. 제6장은 분쟁의 평화적 해결을 다루고 있고 제7장은 평화의 강제 이행을 위한 군사적 행동을 규정하고 있다. 이와 관련해서는 다음 장에서 유엔 평화유지활동을 통해 다시 살펴볼 것이다.

국제연맹은 모든 회원국의 만장일치제를 채택했는데, 이와 달리 유엔은 국제 평화와 안보에 대한 위협을 효율적으로 다루기 위해 안보리 상임이사국 5개국(미국·영국·프랑스·중국·러시아)에만 거부권을 부여했다. 러시아는 1991년 소련의 의석을, 중국은 1971년 타이완의 의석을 대체했다. 비상임이사국은 10개국으로 구성되고 임기는 2년으로 연임할 수 없으며 아프리카와 아시아 국가 5석, 중남미 2석, 서구 2석, 동구 1석으로 이뤄진다.

(2) 총회

총회는 1국 1표의 원칙을 유지하면서 중요한 선거 기능을 행사한다. 예를 들어 유엔회원국을 승인하고 안보리 비상임이사국을 선출하는 등 약소국들이 의사 결정에 영향력을 행사할 수 있는 기관이다. 안보리가 국제 평화와 안보에 대한 위협 문제를 다루는 주요 기관이라면 총회는 분쟁과 관련된 조사와 연구를 담당하는 기관이다. 총회는 유엔헌장의 개정을 제안할 수 있는데, 이때 안보리 5개 상임이사국을 포함한 전체 이사국 15개국의 2/3 이상이 지지해야 한다. 현재까지 2차례의 유엔헌장 개정이 있었는데, 1965년 안보리(비상임이사국 6개국 → 10개국)와 경제사회이사회(18개국 → 27개국)의 이사국 수를 늘리기 위해 그리고 1973년 경제사회이사회(27개국 → 54개국)의 이사국 수를 다시 늘리기 위해서였다.

연례정기회의는 매년 9월 세 번째 화요일에 개막되는데, 약소국 또는 중진국에서 의장이 배출되고 6개 기능위원회가 활동하며 특별 안건이 있을 경우 특별총회를 소집한다. 기능위원회는 제1위원회(군축과 국제안보위원회), 제2위원회(경제와 재정위원회), 제3위원회(사회·인도·문화위원회), 제4위원회(특별정치탈식민지위원회), 제5위원회(행정예산위원회), 제6위원회(법률위원회)가 있다. 모든 회원국은 기능위원회에 참여하며 총회는 국제테러특별임시위원회, 우주공간의평화적사용위원회 등 어떤 특정한 사안을 연구하고 임무를 수행하기 위한 소위원회를 설립하기도 한다.

(3) 경제사회이사회

경제사회이사회(ECOSOC)는 유엔에서 가장 많은 영역의 활동을 전개하고 가장 많은 예산을 사용하는 기관으로 세계보건기구(WHO), 국제노동기구, 식량농업기구, 세계은행, 국제통화기금과 같은 전문기구의 행동을 조율하는 임무를 수행한다. 특히 경제·개발·인권 등 지구촌의 주요 이슈를 다루는 경제사회이사회는 총회 및 안보리와 함께 유엔의 3대 핵심 기관으로 꼽힌다. 54개 이사국으로 구성되며 이사국은 3년 임기로 총회에서 선출된다.

사회개발, 마약, 여성 지위, 개발을 위한 과학과 기술, 지속 가능한 발전, 인구와 개발, 범죄 예방, 통계, 산림 분야로 나눠진 9개 기능위원회가 활동하고 있으며, 5개 지역위원회로는 유럽경제위원회(ECE), 아시아-태평양경제사회위원회(ESCAP), 중남미경제위원회(ECLAC), 아프리카경제위원회(ECA), 서아시아경제사회위원회(ESCWA) 등이 있다. 이러한 지역위원회들은 지역개발사업을 촉진하기 위해 설립됐다.

한편 경제사회이사회는 비정부기구에게 협의 지위(Consultative Status)를 부여하여 공식적인 관계를 맺음으로써 글로벌 거버넌스 체제를 강화해 나가고 있다. 첫 번째, 포괄적(General) 협의 지위를 갖는 비정부기구는 의제 제안·회의 출석 및 발언·의견서 제출 권한을 보유하고, 두 번째, 특정(Special) 분야의 협의 지위를 가지는 비정부기구는 의제제안권은 없는 대신에 회의 출석 및 발언·의견서 제출 권한을 보유한다. 세 번째, 명부상(Roster) 협의 지위를 가진 비정부기구는 경제사회이사회가 요청할 경우 발언 및 의견서 제출 권한을 보유한다.

(4) 국제사법재판소

국제사법재판소는 유엔의 사법기관으로서 유엔헌장의 원칙이 지켜지도록 하며 국제법에 따라 법적 분쟁을 해결하는 공정한 기관으로서 역할을 수행한다. 특히 유엔의 기능과 관련한 법적 사안의 자문에 제안적 의견을 제공하는데, 예를 들어 유엔 평화유지활동 비용이 회원국들의 재정적 부담 의무의 일부분이라고 선언하는 등 판단 역할을 수행하기도 했다. 임기는 9년이고 판사는 15명으로 구성되며 이들은 5명씩 3년마다 선출된다.

일반적으로 국가들이 분쟁 해결의 요청을 꺼리기 때문에 업무가 상대적으로 적다고 지적되기도 하지만, 유엔 차원의 사법기관으로서 국제법을 체계화하고 영토 분쟁을 평화적으로 해결하는 데 공헌해왔다. 이러한 측면에서 국제사법재판소는 글로벌 거버넌스의 법적 발전에 기여한 것으로 평가된다.

(5) 신탁통치이사회

신탁통치이사회는 1950~1960년대에 진행된 탈식민지화 과정에서 신탁통치 지역에 대한 행정을 감독하는 등 중요 역할을 담당했지만 현재 더 이상의 연례회의는 개최되지 않고 있다. 이와 관련해 신탁통치이사회에 새로운 기능을 부여하자는 논의가 진행 중이다. 관련 제안으로는 지구의 공동 자원인 해양·해저와 우주에 영향을 미치는 요인을 감독하고 책임을 부여하자는 제안, 소수 및 토착 민족을 위한 논의의 장으로 변경하자는 제안 등이 있다.

(6) 사무국과 사무총장

사무국은 유엔 운영에 대한 사무적·행정적 기능을 수행하는 기관이며 사무국 직원들은 사무총장에 의해 임명된 국제공무원으로서 역할을 수행한다. 이들은 국적과 상관없이 특정 국가의 간섭을 받지 않고 중립성을 유지함으로써 유엔 전체를 위해 공정하게 유엔의 원칙을 준수해 나갈 책임이 있다.

사무총장은 유엔의 최고 행정직 관리자로서 사무국을 이끌고 유엔 예산을 준비하며 총회에 매년 보고서를 제출하는 등 다른 기관들의 요청에 의해 수행된 연구를 감독하는 의무를 지닌다. 사무총장직 업무 수행과 관련해서는 설득력과 독립성이 가장 중요한 것으로 지적된다. 유엔헌장 제99조는 사무총장에게 국제 평화와 안보 유지에 위협이 되는 사안을 안보리 의제로 제출할 수 있는 권한을 부여한다. 사무총장의 임기는 5년이고 안보리의 추천과 총회 회원국 2/3 이상 득표로 선출되며 연임이 가능하다. 사무총장 선출에서는 5개 상임이사국의 역할이 매우 중요한데, 실례로 미국이 1996년 부트로스 부트로스-갈리(Boutros Boutros-Ghali) 사무총장의 재선을 반대함으로써 코피 아난(Kofi Annan)이 신임 사무총장으로 선출됐다.

* 역대 유엔사무총장: ① 트뤼그베 리(Trygve Lie), 노르웨이, 1946~1952년 재임. ② 다그 함마르셸드(Dag Hammarskjöld), 스웨덴, 1953~1961년 재임. ③ 우 탄트(U Thant), 미얀마, 1961~1971년 재임. ④ 쿠르트 발트하임(Kurt Waldheim), 오스트리아, 1972~1981년 재임. ⑤ 하비에르 페레스 데 케야르(Javier Pérez de Cuéllar), 페루, 1982~1991년 재임. ⑥ 부트로스 부트로스-갈리(Boutros Boutros-Ghali), 이집트, 1992~1996년 재임. ⑦ 코피 아난(Kofi Annan), 가나, 1997~2006년 재임. ⑧ 반기문, 한국, 2007~2016년 재임.

사무국 직원의 1/3 정도만이 뉴욕의 유엔본부와 제네바에서 근무하고 나머지 직원은 140개가 넘는 국가에서 현지 활동에 종사하고 있다. 이들은 유엔헌장 이념을 실현하기 위해 유엔이 구체적으로 공헌하는 대표적인 경제사회 프로그램을 실행한다. 이 중 사무국 개혁 문제가 대두됐는데, 사무국 규모 증가로 직원이 늘어나고(1946년 300명 → 1974년 1만 1,303명 → 1994년 1만 4,691명 → 2010년 4만 4,000명) 이와 관련해 행정적 비효율성이 지적됐기 때문이다.

사무국 직원의 증가는 유엔회원국의 증가는 물론 평화유지활동과 프로그램의 확대에서 비롯되며 이와 관련해 기구 및 프로그램 통합 등의 개혁 조치가 진행 중이다. 이 같은 개혁은 유엔헌장의 개정을 필요로 하지 않는다는 점에서 사무총장의 의지가 중요하다. 하지만 점점 복잡해져가는 글로벌 국제사회에서 유엔 활동의 강화가 요구되고 있다. 무엇보다도 중요한 것은 효율성을 증대하고 관리 능력을 증진시키기 위한 유엔의 운영이다.

3) 유엔 재정

한 국가의 살림을 위해 국가 예산이 필요하듯이 유엔도 활동과 프로그램을 전개하기 위해서는 예산이 필요하다. 유엔의 예산은 회원국들의 분담금에 의해 조달된다. 유엔의 경상예산은 각 기관 운영비와 각종 프로그램 비용으로 구성된다. 유엔의 연간 지출은 약 300억 달러에 이르는데 이는 전 세계 인구 1인당 4달러에 해당된다. 이 중 평화유지활동 비용이 큰 부분을 차지하는데, 탈냉전 이래 평화유지활동이 증가 추세에 있어 연간(2010년 7월 1일~2011년 6월 30일) 평화유지활동 예산은 78억 3,000만 달러에 이른다. 분담금은 3년마다 재작성되며 경제 수준, 지불 능력(1인당 국민소득, 외환 확보 능력 등)이 고려된다. 유엔회원국들의 분담금 비율은 미국이 22% 정도로 가장 높고 그다음은 일본, 독일, 프랑스 순이다. 이들 4개국이 전체 분담금의 60% 이상을 지불하고 있다.

한편 유엔의 재정 적자는 유엔회원국의 신규 가입이 늘어났음에도 평화유지활동 증대 등에 따른 재정 수요가 증가한 가운데 빈곤국의 사정 또는 미국 등 선진국들이 정치적 목적에 따라 분담금 납부를 지연(2010년 12월 31일 3억 4,800만 달러가 연체됐으며 이 중 80%는 미국에 의한 것)하는 데서 비롯된다.

4) 안보리 개편 문제

안보리 개편 문제가 유엔의 주요 이슈로 등장한 가운데 안보리 상임이사국이 되기를 희망하는 국가들은 유엔회원국의 증가, 지역 대표성 고려, 유엔 재정에 대한 기여도를 이유로 든다. 특히 일본·독일 외에도 브릭스 국가인 인도·브라질·남아공 등이 새로운 안보리 상임이사국이 되기 위한 외교적인 노력을 펼치고 있다.

안보리 개편 문제와 관련해 가장 큰 쟁점은 새로 선출된 상임이사국에 대해 거부권을 부여하는 문제이다. 즉, 상임이사국의 수를 늘리되 새로 선출된 상임이사국들에 대해 거부권을 부여하지 말자는 의견 또는 부여하자는 의견, 유엔헌장 제7장의 평화 강제 이행과 관련된 결정에만 거부권을 허용하자는 의견, 모든 상임이사국으로부터 거부권을 박탈하자는 의견, 안보리 개혁 자체를 거부하는 의견 등으로 다양하게 나눠져 있다. 미국은 안보리 개편을 지지하지만 거부권 문제에 대해서는 분명한 입장을 표명하고 있지 않다.

 안보리 개편은 유엔헌장의 개정이 필요한 사안으로 유엔헌장 제18장 제108조에 따르면 모든 상임이사국을 포함하여 총회 회원국 2/3 이상의 지지를 받고 나서 5개 상임이사국을 포함한 유엔회원국 2/3 이상의 국가 국회에서 헌법 절차에 따라 비준을 받아야 한다.

... 10

분쟁과 평화유지활동

1. 분쟁

분쟁은 다툼이 있는 상황을 의미한다. 입장이나 주장을 유지·관철시키거나 이를 저지하기 위해 투쟁하는 것이다. 분쟁의 종류를 살펴보면 심리적 분쟁인 긴장·불화·갈등, 육체적 분쟁인 싸움·격투, 무기 분쟁인 전쟁, 언어 분쟁인 논쟁 등이 있다.

국제관계에서의 분쟁은 각 국가가 서로 선호하는 결과의 차이로 인한 갈등에서 시작되는데, 이는 외교적 노력에 의해 조정되거나 해소될 수 있다. 그러나 이 같은 노력에도 불구하고 갈등이 해소되지 않는다면 전쟁으로 비화되기도 한다. 이와 관련해 이번 장에서는 국제관계에서의 분쟁과 관련 갈등의 원인과 종류, 갈등의 조정과 해소, 전쟁의 원인 분석, 전쟁의 종류와 분류, 전쟁의 시작과 마무리, 군비 통제와 전쟁 예방, 국제분쟁의 중지와 해결을 위한 유엔의 개입으로서 평화유지활동에 대해 살펴볼 것이다.

갈등의 원인과 종류로는 중동 분쟁 같은 영토적 갈등, 무역 분쟁으로 인한 경제적 갈등, 강대국의 약소국에 대한 통제·내정간섭을 둘러싼 외교적 갈등, 쿠르드족의 경우처럼 소수민족 분리 독립에 따른 인종적 갈등, 이슬람 과격 세력의 도전 등에 따른 종교적 갈등, 냉전 시 이념 대립과 같은 이념적 갈등이 있다. 일반적으로 여러 갈등이 상호 복합적으로 작용하여 갈등이 상승한다. 탈냉전 이후에는 특히 인종적 갈등과 종교적 갈등이 두드러지게 나타나고 있다.

갈등을 조정 및 해소하려는 평화적인 방법에는 갈등 당사자들 간의 양자 간 협상 혹은 다자간 협상, 제3국의 중재 등 외교적 방법과 국제사법재판소를 통한 사법적 방법이 있다. 이처럼 갈등 해결을 위한 비폭력적인 방법은 외교적인 노력에 해당된다. 갈등 해결의 폭력적인 방법은 전쟁을 통한 것이며 이에 대해서는 다음에서 살펴볼 것이다.

2. 전쟁

전쟁은 무력을 사용한 싸움으로 1개 이상의 주권국가가 포함된 집단적 무장투쟁을 의미한다. 전쟁의 주체는 주권국가로서 주권국가가 포함되지 않은 집단 간의 무장투쟁은 전쟁이 아니며, 한쪽이 주권국가 지위를 인정받지 못한 정치집단일지라도 다른 한쪽이 주권국가이면 전쟁이 성립된다.

1) 전쟁의 원인 분석

국제사회에서 전쟁이 일어나는 원인은 도전국가가 현 국제질서에서 패권국가에 도전하려고 하기 때문이거나 또는 패권국가가 질서를 유지하려고 하기 때문이다. 첫 번째, 질서에 대한 도전으로서의 전쟁은 오간스키의 세력전이이론으로 설명된다. 한번 형성된 질서는 관성을 갖게 되어 쉽게 변하지 않지만 일정 기간이 지나면 힘의 균형에서 괴리가 생기고 그 괴리가 심화되면 질서가 불안정해진다. 새로운 강국으로 등장한 도전국가는 질서 개편을 주장하게 되고 이것이 순탄치 않을 때 무력을 써서 질서를 개편하려고 하면 전쟁이 일어난다는 것이다. 이와 관련해 1941년 12월 일본의 진주만 공격은 일본이 도전국으로서 미국을 상대로 전쟁을 벌인 것으로 간주된다. 두 번째, 패권국이 질서를 유지하기 위한 수단으로서의 전쟁이다. 이와 관련해 2003년 미국의 이라크 공격은 패권국인 미국이 세계질서를 깨뜨리는 이라크를 응징하기 위해 벌인 전쟁으로 간주된다.

인간 수준, 국가 수준, 체제 수준에서도 전쟁의 원인을 분석할 수 있다. 첫 번째, 인간 수준 분석은 전쟁이 인간의 악하고 공격적인 본성에서 비롯된다는 것이다. 예를 들어 17세기 서양의 철학자 바뤼흐 스피노자(Baruch Spinoza)는 전쟁의 원인인 인간 본성의 결함을 피할 수 없는 것처럼 국가 간 전쟁은 필연적이라고 주장했다.

두 번째, 국가 수준의 분석은 국가의 특성에서 원인을 찾는 것이다. 이 중 하나는 국가의 내적 갈등이 외적으로 표출되는 것인데, 즉 권위주의 통치자 및 독재자가 국민의 불만을 해외로 전환시키기 위해 전쟁을 벌이는 경우가 해당된다. 예를 들어 1982년 4월 아르헨티나의 레오폴도 갈티에리(Leopoldo Galtieri) 대통령은 군사정권에 대한 퇴진 압력이 거세진 국내 정국을 타개하기 위해 영국과 영유권 분쟁의 대상인 포클랜드 군도를 공격했다. 전쟁 결과 아르헨티나가 영국에 패배했고 군사정권은 붕괴됐다. 또 다른 원인으로 국가의 지배 이념, 정치체제 및 국가 내부의 정치 구조를 들 수 있는데, 민주주의국가 간에는 전쟁이 일어나지 않는다는 민주평화론이나 이와 반대로 사회주의국가 간에는 전쟁이 일어나지 않는다는 사회주의자들의 주장 등이 해당된다. 이 외에 국가 내부의 전쟁을 선호하는 정치문화, 즉 나치 독일을 예로 들 수 있다. 또한 경제적 요인에는 식민지를 획득하기 위한 제국주의 전쟁이 해당된다. 민족주의도 원인 중 하나인데 소수민족의 분리독립운동이 이에 해당된다.

세 번째, 체제 수준의 분석은 국제체제의 무정부성에서 원인을 찾는다. 즉, 국제사회가 국가와 달리 중앙의 권위가 없는 무정부 상태와 다름없어 갈등을 예방할 방법이 없다는 것이다. 또한 힘(권력)의 분배에서 원인을 찾는데, 이는 신현실주의에서 말하는 상대적 이익을 확보함으로써 국제체제에서 더 높은 위치에 배열되기 위한 것이다. 이와 함께 힘의 공백을 팽창 기회로 삼으려는 데서도 원인을 찾는데, 예를 들어 소련이 붕괴한 후 미국과 러시아 간 경쟁이 약화됨으로써 제3세계에 대한 강대국의 관심이 감소됐고 이에 따른 힘의 공백 상태에서 전쟁이 증가했다는 것이다. 냉전 이후 발생한 소말리아 내전, 보스니아 내전, 코소보 내전 등이 이에 해당된다.

2) 전쟁의 종류 및 분류

전쟁은 개입전쟁, 제한전쟁, 전면전쟁, 게릴라전 및 테러리즘으로 구분되는데 첫 번째, 개입전쟁은 약소국의 내전에 강대국들이 자국의 세력을 확보하기 위해 개입하는 전쟁이다. 예를 들어 아프리카의 자원부국인 앙골라에서는 냉전이 한창이던 1975년 포르투갈로부터의 독립을 앞두고 부족들이 이념적으로 대립 분열하여 내전이 발생했다. 이에 소련과 미국이 개입하여 내전 당사자들을 각각 지원하는 가운데 대리전이 치러졌다.

두 번째, 제한전쟁은 갈등을 유발한 쟁점이 해결될 때 전쟁이 종결되는 경우로 앞서 거론한 아르헨티나와 영국의 포클랜드 전쟁 시 영국이 포클랜드를 탈환함으로써, 즉 갈등을 유발한 쟁점이 해결됨으로써 종결된 사례가 이에 해당한다. 또한 6·25전쟁 시 한반도에 침입한 중국공산당 군대에 대해 유엔군이 폭격 범위를 압록강으로 한정했던 사례가 제한전쟁에 해당하는 것으로 지적된다.

세 번째, 전면전쟁은 제한전쟁과는 달리 문자 그대로 온 전선에 걸쳐 전개되는 전쟁을 의미하는데, 상대국가를 무력으로 정복하고 점령해야 종결된다. 네 번째, 게릴라전은 전선 없는 전쟁으로 미국의 베트남전과 소련의 침공으로 일어난 아프가니스탄 전쟁이 이에 해당된다고 볼 수 있다. 다섯 번째, 테러리즘은 정치적 목적을 달성하기 위해 폭력으로 상대를 위협하거나 공포에 빠뜨리는 것이다.

당사자의 법적 지위에 따라 전쟁을 분류할 때 국제 전쟁은 쌍방 모두 국제법상 주권국가인 전쟁을 의미하고, 식민 전쟁은 주권국가와 비주권 정치집단의 전쟁으로 식민 종주국과 식민지 정치집단의 전쟁을 지칭한다. 내전은 주권국가와 그 국가 내 반란집단의 전쟁을 의미하며 소말리아 내전, 리비아 내전 등이 해당된다. 전투 지역의 범위에 따라 분류할 때 국지전은 한 국가 내 한정된 지역에서 전개되는 전쟁을 의미하며 국지전이 국가 전체로 확산되면 전면전이 된다. 지역전은 특정 지역에 속한 일부 국가 간의 전쟁으로, 예를 들어 탈냉전 이후 유고슬라비아 연방이 슬로베니아·크로아티아·보스니아-헤르체고비나·세르비아·몬테네그로·마케도니아로 분리 독립되는 과정에서 벌어진 전쟁이 해당된다. 세계전은 제1·2차 세계대전처럼 동맹 간에 전쟁이 벌어져 동맹에 속한 많은 국가들이 동시에 전쟁에 돌입함으로써 수십 개 국가 간의 전쟁으로 확대된 경우를 가리킨다.

사용 무기 제한에 따라 분류할 때 재래전은 핵무기를 사용하지 않는 전통적인 전쟁을 말한다. 핵전쟁은 핵무기를 사용한 전쟁을 의미하는데, 미국이 일본에 2개의 핵폭탄을 사용한 것 외에 역사상 핵전쟁은 일어나지 않았다.

전쟁 목적에 따라 분류할 때 제국주의 전쟁은 자국의 경제적 이익을 획득하려는 목적하에 타국에 대한 지배권을 쟁취하기 위해 벌이는 일종의 침략 전쟁으로, 18~19세기 서구 열강 간에 식민지 확보를 위해 벌어졌던 전쟁이 해당된다. 식민 전쟁은 이미 확보하고 있는 식민지를 유지하고자 내부 도전을 분쇄하기 위한 전쟁을 지칭하며 이와 반대로 독립 전쟁은 식민지에서 벗어나기 위해 벌이는 전쟁이다. 패권 전쟁은 질서에 도전하거나 질서를 유지하기 위한 전쟁을 의미한다.

한편 정규군 공개 사용에 따라 분류할 때 정규전은 정규군을 투입한 전쟁이고 비정규전은 민병 등 비정규군만으로 행하는 전쟁을 뜻한다.

3) 전쟁의 시작과 마무리

전쟁은 선전포고로 시작되나 통상적으로는 기습 효과를 극대화하기 위해 선전포고 없이 시작되기도 한다. 또한 전쟁이 발발할 때 일부 국가는 전쟁에 휘말리지 않도록 중립 선언을 하기도 하는데, 제2차 세계대전 시 스페인의 프란시스코 프랑코(Francisco Franco) 정부는 추축국과 연합국 사이에서 중립을 선언했다.

전쟁은 휴전 또는 항복을 거쳐 평화조약으로 마무리된다. 휴전은 교전 당사자 간 합의에 따라 적대 행위가 정지된 상태를 의미하며, 항복은 교전 당사자 중 한쪽의 항복으로 전쟁이 정지된 상황을 말한다. 제2차 세계대전 시 독일·이탈리아·일본의 무조건 항복으로 전투행위가 정지됐다. 그리고 전쟁은 평화조약에 의해 종결되는데, 평화조약은 강화조약으로도 지칭된다. 예를 들어 제2차 세계대전은 1952년 연합국과 일본의 샌프란시스코강화조약 체결로 마무리됐다. 샌프란시스코강화조약에 의해 일본은 강점했던 한반도·타이완·사할린 등의 반환에 합의했다.

한편 일본은 독도영유권 문제와 관련해 샌프란시스코강화조약에서 일본이 포기해야 할 섬으로 열거된 것이 제주도·거문도·울릉도뿐이기 때문에 독도가 일본 영토라고 주장한다. 그러나 샌프란시스코강화조약은 한반도 주변 약 4,000개의 섬 중에서 주요한 3개 섬을 예시한 것에 불과하기 때문에 일본 측이 주장하는 독도영유권의 근거가 될 수는 없다.

한편 전투행위에서 불필요한 살상과 파괴를 방지하기 위한 목적으로 전투행위 규제에 관한 국제 규범이 제정되어왔다. 1899년과 1907년 2차례 개최된 헤이그평화회의를 통해 합의가 이뤄진 전쟁 수단의 제한 사항으로는 독극물 사용 금지, 잔인한 방법에 의한 살상 금지, 항복한 적의 사살 금지, 적을 속이기 위해 적의 군복이나 군기를 사용하는 행위 금지, 종교·예술·과학·자선·의료·부상병 수용 시설에 대한 공격 금지, 약탈 금지, 적국의 시민을 공격에 동원하는 행위 금지 등이다. 또한 전쟁으로 발생한 부상자, 포로 등을 보호하기 위한 목적의 조약이 수차례에 걸쳐 제네바에서 체결됐다.

4) 군비 통제와 전쟁 예방

군비(Arms)는 전쟁을 수행하는 데 필요한 모든 무기, 장비, 시설을 총칭한다. 통제(Control)는 전쟁의 억지가 가능하도록 각국의 전력 규모, 종류, 배치를 인위적으로 조정 협력하는 것을 의미한다. 통제는 축소뿐만 아니라 확충도 포함하는데, 확충은 군비 불균형으로 전쟁이 발생할 가능성이 있을 때 약한 상대의 군비를 보강하여 균형을 회복하는 것이다. 따라서 공격하기는 부족하지만 방어할 정도의 무장력을 모든 국가가 가질 수 있도록 통제하는 데 합의한다면 전쟁을 예방할 수 있다는 것이 군비 통제의 기본 논리이다.

군비 통제의 절차는 합의 → 신뢰 구축 조치 → 합의 이행 → 사찰 → 보완으로 진행되는데, 양측은 군비 통제에 합의한 후 상호 신뢰가 가능하도록 조치를 취한다. 예를 들어 핫라인 설치, 군사 연습 시 상대측을 참관인으로 초청하는 것 등이다. 합의 이행은 병력 감축, 전력 재배치, 특정 무기 수량 감축 등의 약속을 실시하는 것이다. 사찰은 합의 내용의 이행 여부를 확인하는 행위이며, 보완은 사찰에서 발견된 위반 사항에 대해 시정하는 단계를 말한다.

3. 유엔 평화유지활동

1) 탈냉전기의 새로운 환경

냉전 시 40여 년 동안 유엔의 평화유지활동은 13건에 불과했으나 탈냉전 이후 10년간의 평화유지활동은 36건으로 늘어났다. 이것은 냉전이 종식되자 평화유지활동이 폭발적으로 증가했음을 나타낸다. 탈냉전 이후 인종적·민족적·종교적 분쟁이 증가한 것은 이전의 국가 간 분쟁보다 국가 내부 문제에서 분쟁의 다수가 비롯됐음을 보여준다. 냉전 종식으로 세계적 규모의 분쟁 가능성은 소멸됐지만 냉전 기간 중 잠재되어 있던 민족·인종·종교·영토·자원 등 요인에 의한 지역 분쟁이 빈번히 발생하게 된 것이다. 또한 대량살상무기 확산에 따른 불안정한 상황이 지속됐다. 이와 함께 구소련의 붕괴로 강대국들의 관심 약화에 따른 힘의 공백이 분쟁의 증가를 불러왔다.

이와 같은 탈냉전기의 새로운 환경 때문에 전반적으로 분쟁이 증가했으며 이로써 분쟁을 중지시키려는 유엔의 개입도 증가할 수밖에 없었다. 그리하여 이러한 유엔의 노력은 유엔 평화유지활동으로 나타났다.

2) 평화유지활동

(1) 개념

유엔이 출판한 ≪유엔평화유지군(The Blue Helmet)≫에 따르면 평화유지활동(PKO)은 '유엔이 무력 사용 없이 군사 요원을 포함시켜 분쟁 지역의 평화유지 또는 회복을 돕기 위해 펼치는 활동'으로 정의된다. 유엔의 관행상 국제 평화와 안보의 유지를 목적으로 하는 유엔 평화유지활동의 특징은 분쟁 당사자의 동의, 중립, 강제력 없는 활동, 안보리 승인, 자위를 위한 최소한의 무력 사용 가능(경무장) 등으로 요약된다.

모든 국가가 헌법을 보유하듯이 유엔에도 유엔헌장이 있는데 이 헌장에는 평화유지활동을 위한 규정이 명문화되어 있지 않다. 대신 관련 규정으로 유엔헌장 제6장과 제7장이 있다. 제6장은 분쟁의 평화적 해결에 대한 규정으로 협상, 중재 등 외교적 방법과 사법적 방법에 의한 해결을 규정하고 있는 반면, 제7장은 무력 사용을 통한 평화의 강제 이행을 규정하고 있다. 이렇듯 유엔헌장에 유엔의 평화유지활동이 규정되어 있지는 않지만 탈냉전 이후 분쟁이 증가하면서 유엔의 평화유지활동은 분쟁 당사자의 자발적 동의 없이 수행되고 있고 더 많은 무력 사용을 필요로 하고 있는 실정이다. 이와 관련해 유엔의 평화유지활동은 평화적 해결을 규정한 유엔헌장 제6장과 무력 사용을 통해 평화의 강제 이행을 규정한 유엔헌장 제7장 사이의 6.5장 또는 제6장과 제7장 사이의 회색지대로 지칭된다.

(2) 평화유지활동의 구분

유엔은 분쟁이 발생하기 이전에 예방외교를 전개하는데, 예를 들어 잠재적으로 위험한 지역에 특사를 사전 파견하여 분쟁을 예방하고자 외교적 활동을 펼친다. 1992년 부트로스-갈리 사무총장은 「평화를 위한 제안(Agenda for Peace)」이라는 보고서를 발표해, 예방외교를 당사국 사이에 발생한 분규(Dispute)가 고조되어 분쟁(Conflict)으로 발전하지 않도록 예방하는 활동이라고 정의했다. 그럼에도 무력 분쟁이 발생하면 유엔은 평화유지활동을 전개한다. 즉, 분쟁 당사자들의 동의하에 유엔 군사 요원 등을 현장에 배치하여 분쟁의 확대 가능성을 예방하고 평화 조성 가능성을 모색하는 것이다. 한편 평화유지활동의 실효성이 없을 때는 유엔헌장 제7장에 의거 강제적인 평화 이행을 위해 군사 수단을 동원하는 평화강제활동을 전개한다. 분쟁 이후에는 평화를 공고히 하기 위한 평화구축 노력으로 분쟁 당사자의 무장 해제, 무기 회수, 난민 복귀, 선거 감시 등 평화재건활동을 전개하기도 한다.

유엔의 평화유지활동은 탈냉전 등 시간 경과에 따라 조금씩 강도가 더해져왔는데, 이와 관련해 제1세대에서 제3세대까지 평화유지활동으로 구분하여 살펴보고자 한다.

제1세대 활동은 전통적인 방법으로, 냉전 시대의 평화유지활동에 해당된다. 유엔평화유지군은 비무장 또는 경무장으로 분쟁 당사자 간 정전과 병력 철수를 감시하고 분쟁 당사자 사이에 주둔함으로써 이들을 격리하는 완충지대를 조성했다. 그리고 오직 스스로 지켜야 하는 자위적 상황에서만 무기를 사용했다. 이 같은 평화유지활동의 공로로 유엔은 1988년 노벨평화상을 받았다.

제2세대 활동은 탈냉전 이후 폭력적 내전과 인도적 위기 상황과 관련된 것으로, 민간과 함께 난민 송환과 재정착, 치안 유지, 인권침해 감시, 선거관리와 과도민간정부 조직, 개발계획 등의 다양한 활동을 포함한다. 이와 관련해 제2세대 활동은 전통적인 평화유지활동과 구별되어 평화구축활동(PBO)으로 지칭되기도 한다.

제3세대 활동은 탈냉전 이후 내전의 빈도가 늘어나고 폭력의 강도가 더욱 커지면서 분쟁 당사자들의 합의가 없는 상황에서도 난민과 민간인들을 공격과 학살로부터 보호하고 정전을 실시하며 이들로 하여금 평화적 해결 방법을 추구하도록 강요하기 위해 더 강한 군사력을 필요로 한다. 한편 제3세대 활동은 유엔헌장 제7장의 강제 이행과의 구분이 모호해 논쟁거리가 되는 경향이 있는데 소말리아 내전, 보스니아 내전, 코소보 내전이 제3세대 평화유지활동에 해당된다.

소말리아에서 1991년 혁명사회민주주의당 정권(1967년 이후 일당독재 및 족벌 정치)을 붕괴시킨 2개 파벌 간의 내전이 지속되자 유엔은 분쟁 당사자의 동의 없이 1992년 평화유지군을 파병하여 이들의 무장해제를 추진했다. 그러나 당사자들의 무력 투쟁이 격화되고 평화유지군에 대한 공격이 잇따르자 유엔은 1995년 평화유지군을 철수시켰다. 그리고 구유고슬라비아 연방에 속한 보스니아 및 코소보에서 세르비아계가 무슬림 지역을 공격하고 무차별 학살을 자행하자 유엔은 보스니아(1992년) 및 코소보(1998년)에 분쟁 당사자의 동의 없이 평화유지군을 파견하고 무장 활동을 강화했다.

(3) 평화유지활동의 신속 전개 및 미국 주도 다국적군

부트로스-갈리 사무총장이 평화유지활동의 신속 전개 등 효율성을 높이기 위한 유엔상비군체제(UNSAS)의 필요성을 제안함으로써 1996년 유엔상비군이 창설됐다. 이 체제는 유엔회원국이 평상시 자국의 특정 부대 및 장비 등을 평화유지활동을 위해 사전에 지정하고 대기 태세를 유지하다가, 유엔의 요청이 있을 경우 신속하게 파견하는 것이다. 또 유엔평화유지군의 효율적인 군사작전을 위한 군사작전지지(SMO) 문제가 제기되는데, 이것은 효과적인 군사작전을 수행하기 위해 관련 군 지휘관들에게 입체적인 정보, 즉 전투 이익을 제공하는 것이다.

냉전 시 평화유지활동과 관련해 강대국의 지역 분쟁 개입을 막고자 유엔평화유지군은 미국 등 안보리 상임이사국이 아닌 여타 회원국의 군대로 구성됐으며, 미국은 군수 지원 및 수송을 위한 항공 등을 제공했다. 그

러나 탈냉전 이후 분쟁이 증가하고 통제 수준을 벗어나자 미국은 유엔 결의에 의거해 자국이 주도하는 다국적군을 편성하여 1991년 1월에는 걸프전쟁을 일으켰고 2001년 10월에는 아프가니스탄을, 2003년 3월에는 이라크를 공격했다. 유엔평화유지군은 유엔이 직접 주도하고 경비를 부담하며 안보리 결의에 근거하는 데 비해, 다국적군은 유엔이 위임하며 경비는 참여국이 부담하고 안보리 결의에 근거한다.

3) 한국의 평화유지활동 및 다국적군 참여

한국의 평화유지활동 파견과 관련한 법적 근거는 헌법 전문(밖으로는 항구적인 세계 평화와 인류 공영에 이바지함으로써 우리와 우리 자손의 안전과 자유와 행복을 영원히 확보할 것을 다짐하면서)과 헌법 제1장 총강 제5조 제1항(대한민국은 국제 평화와 유지에 노력하고 침략적 전쟁을 부인한다) 및 「유엔평화유지활동참여법」(「PKO신속파견법」, 2009년 12월 29일 국회 통과)에 의거한다. 2011년 현재 한국의 평화유지활동 파병 규모는 600여 명으로 유엔회원국 중 39위를 차지하고 있으나 향후 1,000명 이상 증원할 예정으로, 평화유지활동 참여 확대를 통해 기여외교를 추진한다는 방침이다. 한편 한국군의 해외파병을 위해서는 국회의 동의가 필요하다.

한국은 2007년 7월 이래 레바논 남부 지역의 평화와 안전 회복을 목적으로 한 레바논평화유지군(UNIFIL)에 360여 명을, 2010년 2월 이래 아이티 지진 구호 및 복구 지원을 목적으로 한 아이티평화유지군(MINUSTAH)에 240여 명을 파병 중이다.

한편 미국 주도 다국적군에 대한 한국의 참여는 2004년 4월 이래 이라크 평화 정착과 재건을 목적으로 아르빌 지역에 자이툰 부대(Zaytun Division, 자이툰은 현지어로 올리브라는 뜻이며 평화를 상징한다)가 주둔 중이며, 동의(국군의료지원단)·다산(건설공병지원단) 부대가 2002년 3월 아프가니스탄 평화 재건 및 구호 활동을 위해 파병됐다가 한국 국민 피랍 사건으로 2007년 12월 철수했다. 이 외에도 국제 해상 안전과 테러 대응을 위한 국제적 노력에 동참하기 위해 한국은 2009년 3월 이래 소말리아 해역에 청해부대(구축함 1대 및 병력 300여 명)를 파견 중이다.

… 11

지역 통합과 글로벌 경제

이번 장에서는 탈냉전 이후 안보의 주요 이슈로 부상한 글로벌 경제 문제를 지역 통합 문제와 함께 살펴보려 한다. 한국은 부족한 자원을 확보하지 않으면 안 되고 수출 등 교역을 증대해 나가야만 하는 국가로서 글로벌 경제 편입과 경쟁력 확보라는 중요한 과제를 안고 있다. 이런 측면에서 한국에게 지역 통합 문제를 포함하는 글로벌 경제는 경제안보에 해당한다고 볼 수 있다. 이와 관련해 다음에서는 지역주의와 지역 통합, 세계 무역질서와 통화질서 그리고 거대 성장국가의 통합체로 부상하고 있는 브릭스에 대해 살펴보려 한다. 브릭스는 앞으로 한국의 협력 및 진출 대상이 될 주요 국가들이다.

1. 지역주의와 지역 통합

1) 지역주의

지역은 지리적으로 근접한 국가들을 포함하며 지역주의란 지역의 협력이나 통합을 주장하는 사고방식이다. 이러한 지역주의의 대표적인 모습은 유럽연합에서 찾아볼 수 있으며, 탈냉전 이후 지역주의는 가속화되어 북미자유무역협정, 아시아-태평양경제협력체, 남미공동시장(MERCOSUR)으로 확산됐다.

이처럼 지역주의가 확산된 요인으로는 첫 번째, 냉전 종식에 따른 국제환경의 변화를 꼽을 수 있다. 탈냉전 이후 이념에 따른 국가 간 협력이 아니라 실질적 이해관계에 있는 지역국가 위주의 협력 관계가 중요해진 것이다. 제3세계 국가들이 변화된 국제환경에서 자신의 생존을 위해 새로운 방향을 모색함으로써 지역주의가 대안으로 부상한 데다 탈냉전을 계기로 가속화된 정치적 민주화는 지역주의와 같은 국가 간 협력이 일어날 수 있는 토양을 제공했다.

두 번째, 유럽 통합으로 거대한 단일 시장이 추진되는 과정에 영향을 받은 여타 지역국가들이 유럽 단일 시장 출범에 따른 위협에 대응하고자 한 것이 요인으로 작용했다. 이러한 현상은 파급효과가 이웃에게 미치는 도미노이론으로도 설명된다.

세 번째, 보험 정책의 일환으로 지역주의를 통해 최소한의 자국 이익을 확보하려 했다. 이는 세계무역기구체제의 다자주의 한계를 인식했기 때문으로 다자주의가 실패했을 경우를 대비한 조치라는 것이다.

네 번째, 미국이 다자주의와 지역주의를 동시에 추진한 요인도 작용했다. 미국은 전적으로 다자주의에 의존하던 태도에서 벗어나 지역주의를 추구함으로써 캐나다 및 멕시코와 북미자유무역협정이라는 지역 블록을 형성했다. 이를 통해 미국은 세계 주요 교역국들에게 미국이 다자체제를 지지하지만 동시에 지역무역협정 체결 또한 적극적으로 추진할 것임을 암시함으로써 지역무역협정의 확산을 부추긴 측면도 있다는 것이다.

다섯 번째, 지역무역협정에 대한 느슨한 다자체제 및 규범을 들 수 있다. 세계무역기구의 다자체제는 무차별을 기본 원칙으로 내세우고 있음에도 차별을 통해 지역 이익을 추구하려는 지역무역협정을 예외적으로 인정하고 있는 데서 비롯되기도 한다.

그렇다면 다자주의와 지역주의는 어떤 관계인가? 다자간 자유무역질서를 추구하는 세계무역기구가 전 세계를 하나의 자유무역 시장으로 만들려는 무역의 세계화를 목표로 한다고 볼 때 유럽연합, 북미자유무역협정, 아시아-태평양경제협력체와 같은 지역 블록의 등장은 세계무역기구의 목표와 상반된다. 따라서 지역 블록의 등장은 세계무역기구의 다자간 자유무역질서에 부정적으로 작용한다고 간주될 수 있다. 그러나 세계무역기구의 전신인 관세 및 무역에 관한 일반협정은 처음에 출범할 때 이미 존재하던 지역 블록의 참여를 이끌어내기 위해 예외적으로 지역 블록을 인정했다. 그리고 세계무역기구 시대에도 같은 입장이 유지되고 있다. 즉, 세계무역기구는 지역 블록이 세계무역기구 정신에 위배되기는 하지만 그 존재를 인정한다는 입장이다. 지역 블록의 존재를 전 세계가 자유 시장화되기 위한 중간 단계 및 과도기로 파악하는 것이다. 이는 현재 다자주의를 주도하는 국가가 미국이며 지역주의를 적극 추진하는 국가 또한 미국이라는 사실로서 이해될 수 있다.

2) 지역 통합

지역 통합은 국가 간 공통의 규칙이 지배하는 지역적 공간을 창출하는 과정을 의미하며 일반적으로 경제적 관점에서 경제 통합으로 지칭되기도 한다. 경제 통합은 통합 정도에 따라 자유무역지대, 관세동맹, 공동시장, 경제동맹, 통화동맹으로 발전된다.

첫 번째, 자유무역지대는 회원국 간 관세장벽을 제거하는 단계이다. 회원국 간에 관세가 제거되고 나면 회원국에는 더 좋은 상품이 싸게 수입되는 무역 창출 효과가 발생한다. 두 번째, 관세동맹은 역외 지역의 국가들에 대해 공동 관세 정책을 추진하는 단계이다. 세 번째, 공동시장은 자유로운 상품 교역과 공동 관세뿐만 아니라 회원국 간 노동과 자본의 자유로운 이동이 이뤄지는 단계이다. 네 번째, 경제동맹은 조세정책, 복지정책 등 회원국 간 경제사회 정책에 대한 조정 단계이다. 다섯 번째, 통화동맹은 공동 통화 및 단일 중앙은행 창설이 이뤄지는 단계이다. 통화동맹 창출은 최적통화지역이론으로 설명되는데, 최적통화지역(Optimal Currency Area)이란 고정환율제도를 유지하기에 적합한 지역을 의미하며 미국 컬럼비아대학 교수로서 1999년 노벨경제학상을 수상한 로버트 먼델(Robert Mundell)이 주장했다. 먼델은 단일통화지역에 대한 이론을 확립했으며 유럽연합의 단일 통화인 유로의 아버지로 지칭되기도 한다.

한편 관세동맹으로 인해 무역 전환이 발생하기도 하는데, 이는 역외국인 제3국이 관세동맹 이전에는 가장 낮은 가격의 공급자였음에도 역외국에 대한 공동 관세 부과 때문에 회원국으로부터 이전보다 못한 물건을 수입함으로써 결과적으로 경제복지가 감소하는 현상을 의미한다.

유럽 지역은 1952년 유럽석탄철강공동체(ECSC), 1958년 유럽경제공동체(EEC), 1967년 유럽공동체(EC)로 발전한 후 1992년 유럽연합을 결성하기에 이르러 경제 통합에 이어 정치 통합을 추구하고 있다. 유럽연합은 유럽이 추구하는 정치경제 공동체로서 탈냉전 이후 동구권 국가 등 12개국이 가입하여 27개 회원국으로 확대됐다. 유럽연합 회원국 국민은 공동여권, 공동 통화를 보유한 가운데 다른 회원국에서 자유롭게 거주할 수 있다. 이처럼 각자가 선호하는 곳으로 옮겨 가 살게 되고 이런 현상이 지속된다면 몇백 년 후 국가 재편이 이뤄져 어떤 국가는 지도상에서 사라질 수도 있을 것이다. 이는 통합의 장점이자 단점이다. 여하튼 유럽연합은 현재 지구상에서 가장 큰 단일 시장으로 부상한 가운데 한국과 유럽연합의 자유무역협정(FTA) 타결로 추후 양측 간에 더욱 활발한 교역이 이뤄질 것으로 보여 주 관심 대상의 지역 블록이 되고 있다.

3) 지역통합이론

지역통합이론으로는 기능주의, 신기능주의, 정부간주의 등이 있다. 제7장에서 한국의 통일 문제를 다루며 통합이론으로서 기능주의와 신기능주의를 살펴봤던 것처럼 첫 번째, 기능주의는 경제 부문의 국가 간 협력이 다른 분야의 협력으로 발전하게 된다는 것으로, 점진적인 기능적 발전을 통해 경제 통합이 궁극적으로 정치적 통합을 이끈다고 주장한다.

두 번째, 신기능주의는 기능주의의 능동적 실행의 부족을 비판한다. 기능주의가 주장하는 것처럼 국가 간 경제협력이 다른 분야의 협력으로 저절로 발전하는 것은 아니며, 정치적 개입 및 파급효과(Spillover)를 통해 통합을 강화시켜야 한다고 강조한다. 유럽 통합의 경우 초국가적인 지역기구가 주도적인 역할을 하면서 정당, 이익단체와의 협력을 통해 정치적·기능적 파급효과 및 공동 이익의 향상으로 통합을 촉진한다고 주장한다.

세 번째, 정부간주의(Intergovernmentalism)는 통합에서 정부 수반의 역할을 강조하며, 신기능주의와의 주요 차이점은 정부가 통합에서 더 많은 중요 역할을 한다는 점이다.

2. 글로벌 경제

1) 자유주의·중상주의 가치의 충돌

오늘날 글로벌 경제 속에서 자유주의와 중상주의의 가치는 지속적으로 충돌하고 있다. 자유주의는 서로 이익이 되는 교환을 통해 상호 이익을 얻을 수 있다는 사조로서 이와 관련해 스미스는 규제되지 않은 시장의 '보이지 않는 손'을 강조했고, 데이비드 리카도(David Ricardo)는 비교 우위에 있는 상품의 무역을 통해 자본을 축적할 수 있다며 자유무역을 옹호했다. 이에 비해 중상주의는 유럽 18세기 후반 절대주의 시절의 보호무역주의 제도로서, 금과 은의 축적을 국가권력과 부를 위한 통로로 여기고 제국주의적인 해외 식민지 획득을 통한 해외시장 개척과 함께 수출 장려 및 국내시장 보호에 중점을 두었다.

오늘날 전 세계의 자유무역을 추구하는 무역 세계화가 진행 중이지만 관세정책을 통해 수입을 제한하고 수출 증진을 모색하려는 무역정책을 추진하는, 즉 신중상주의를 옹호하는 경향이 꾸준히 나타나고 있다. 미국 등 선진국들 또한 지속적으로 자유무역을 옹호하지 않는다. 미국의 경우 불공정한 무역 관습 아래 있다고 판단되는 국가들에 보복하고자 대통령에게 재량권을 부여한 슈퍼 301조와 국제 교섭의 신속성과 효율성을 높이기 위해 의회가 행정부에 위임한 무역협상 권한인 신속협상권 등을 도입했다. 유럽연합·일본·캐나다도 개도국들이 낮은 노동 단가로 비교 우위를 누리는 생산품에 대해 높은 관세를 유지했다. 이처럼 중상주의적 보호무역주의가 때때로 국가이익에 따라 고개를 들고 있는 현실이다.

한편 보호무역과 관련한 비관세 정책으로 근린 궁핍화 정책과 수입 할당 등을 들 수 있는데, 근린 궁핍화 정책은 타국의 경제를 희생시키면서 자국의 경제적 이익을 추구하는 것으로 수출 보조금지급, 평가절하, 관세 인상 등의 방법으로 자국의 번영과 경기회복을 도모하려는 자국 위주의 정책을 의미한다. 수입 할당은 국내 산업을 보호하기 위해 일정한 상품에 대하여 미리 그 수입 총량과 각국별 수입량을 결정하는 것이다.

이처럼 각국은 경기가 후퇴할 때 중상주의적 보호무역정책을 추구하는 경향이 강하다. 이와 관련해 무역에 의존하는 경제구조를 가진 한국으로서는 통상 및 경제안보 차원에서 글로벌 경제 동향을 예의 주시하고 이에 대응해 나가야 한다.

2) 세계무역질서

미국 등 선진국들은 보호무역주의가 세계경제위기와 세계대전을 초래했다고 판단하고 자유무역질서를 확립하는 것이 각국의 경제적 번영과 전쟁 재발을 방지하는 데 필수적이라는 인식을 같이했다. 이와 관련해 제2차 세계대전이 종식된 후 1947년 23개국이 스위스에서 관세 및 무역에 관한 일반협정을 체결했다. 이 협정은 비차별성을 강조하며 관세 철폐와 무역 증대를 위한 다자간 무역협정으로서 관세 인하 등 세계무역 신장에 크게 기여했으나 지역 블록 강화 및 각국이 추구하는 중상주의적인 보호무역주의 등으로 위기에 놓이게 됐으며, 이에 따라 이 협정체제의 한계를 극복하기 위한 새로운 국제무역질서로 세계무역기구가 1995년 출범됐다. 즉, 관세 및 무역에 관한 일반협정이 세계무역기구로 대체된 것이다. 이로써 무형의 협정에 불과하던 관세 및 무역에 관한 일반협정은 유형의 국제기구인 세계무역기구로 탈바꿈해 기구 차원에서 사전에 무역 분쟁을 예방하고 국제 규범을 지속적으로 관장함으로써 다자간 무역체제의 효율성을 높이게 됐다.

세계무역기구의 최고 의사결정기관인 각료회의는 2년마다 개최된다. 평상시 각료회의를 대신하여 사무를 이행하는 일반이사회는 파견되어 온

각 회원국의 정부 대표로 구성되며 회기 기간이 아닐 때 각료회의의 기능을 수행한다. 이 외에도 각국의 무역정책을 검토하는 무역정책검토기구, 분쟁해결기구 등이 있다. 세계무역기구는 관세 및 무역에 관한 일반협정 체제하에서 공식 의제로 다뤄지지 않았던 서비스, 지적재산권 보호 문제를 새롭게 취급하게 됐고, 이로써 모든 부문을 포괄하는 세계교역의 기반이 확대됐다. 또한 관세 및 무역에 관한 일반협정 체제와는 달리 무역 분쟁에 대해 판결을 내리고 회원국이 협정에 위배되는 무역정책을 채택할 경우 이를 제재할 수 있도록 했다.

한편 일부 민간단체들은 세계무역기구의 자유무역, 즉 무역의 세계화는 결국 자유무역으로 경쟁에서 살아남은 다국적 기업과 강대국에만 유리하다고 주장한다. 이들은 세계화를 반대하고 세계무역기구 각료회의가 개최되는 곳이면 어디서든 시위를 전개하고 있다.

3) 국제통화질서

세계무역의 안정을 위해 미국을 비롯한 44개 국가가 1944년 미국의 뉴햄프셔 주 브레턴우즈에서 모여 국제통화체제를 관리하기로 결정했다. 이에 따라 국제통화기금과 국제부흥개발은행(IBRD)이라는 2개의 국제금융기구가 1947년 설립되어 국제체제의 중앙은행 역할을 수행하게 됐다. 회원국들이 공동의 기금을 조성하여 필요 시 각국이 기금을 이용할 수 있게 해 회원국의 외화자금 조달을 원활하게 함으로써 국제통화제도의 안정을 도모했다. 이와 관련해 한국은 1997년 외환위기 시 국제통화기금으로부터 자금을 차입했다.

국제통화기금이 단기 융자 금융기관이라면, 국제부흥개발은행은 장기 융자 금융기관으로서 개도국에 개발 자금과 개발계획을 지원한다. 국제통화기금이 설립될 당시 44개국은 100억 달러 정도를 각국 능력에 따라

출자했는데, 미국(전체 출자의 20% 정도 차지) 등 서방국가의 영향력이 크다. 왜냐하면 출자한 비율에 따라 의결권을 보유하기 때문이다. 이와 관련해 국제통화기금, 국제부흥개발은행의 엄격한 대여 조건과 주 채권국인 미국 등 선진국이 이들 기구에 자국의 입김을 반영하려 한다는 점이 비판받고 있다. 미국 등 선진국이 채무국의 국내문제에 정치적인 영향력을 행사하려는 경향이 있는 한편 개도국들은 국제통화기금 개혁과 관련해 선진국과 개도국 간 출자 비율의 개편, 개도국에서의 국제통화기금 총재 선임을 요구하고 있다.

브레턴우즈체제는 금 1온스당 35달러로 미국 달러화의 가치를 정하고 달러를 금으로 바꿔주는 금 태환을 보장함으로써 미국 달러화를 기축통화로 하는 금본위제도로서의 고정환율제를 채택했다. 그러나 미국은 1960년대 말부터 경기후퇴로 인해 국제통화체제에서 지도력을 행사할 경제력을 상실하기 시작했는데 1971년에는 무역수지 적자국으로 전락했다. 당시 미국의 금 보유액은 100억 달러인 반면 해외 보유 달러는 800억 달러에 이르렀고, 이에 따라 1971년 8월 미국의 리처드 닉슨(Richard Nixon) 대통령은 달러의 금 태환을 중지하고 일부 수입품에 대해 10% 부가 관세를 부과하기에 이르렀다. 결국 브레턴우즈체제는 붕괴되고 이후 국제통화체제로 환율이 시장에서 결정되는 통화제도인 변동환율제가 채택됐다.

4) 글로벌 경제의 전망

글로벌 경제의 전제는 자유무역이 경제성장에 기여하고 보호무역주의는 번영을 감소시킨다는 것이다. 그리고 다국적 기업의 활동이 더욱 세계경제의 흐름을 결정하게 될 것이며, 국가의 주권력은 침식되고 세계화가 가속화될 것이라는 것이다.

그러나 역사적으로 경기후퇴가 보호무역주의의 산파 역할을 해온 점을 감안할 때 미래의 모습을 예견하기란 매우 어렵다. 아울러 자유주의자와 중상주의자 간의 오래된 논쟁은 글로벌 경제에서 지속적인 주요 이슈로 남을 전망이다. 이와 관련해 국제 교역과 해외 진출을 통하지 않고서는 성장을 기대하기 어려운 한국의 경제 여건에서 글로벌 경제 동향은 우리에게 중요한 이슈이자 경제안보 문제로 다뤄져야 할 사안이다.

3. 브릭스 부상

브릭스는 거대한 내수 시장을 형성하고 광활한 영토에 막대한 자원을 보유함으로써 거대한 성장 잠재력을 지닌 국가들이다. 또한 한국에게는 미국, 유럽 등 전통적인 시장을 대체 보완하는 새로운 시장으로서 그 중요성이 날로 부각되고 있다. 브릭스는 지정학적으로도 역내에서 강력한 정치경제적 영향력을 미치는 주도국이자 신흥강국들로 글로벌 다극체제 형성의 한 축으로 부상하고 있다. 이와 함께 세계경기 침체는 국제사회에서 브릭스의 비중을 더 높이는 계기가 되고 있다. 따라서 해외 진출을 추구해 나가야만 하는 한국에게 브릭스 연구는 주요 과제이며, 브릭스의 정치경제 동향은 안보 대상이 되고 있다. 이와 관련해 브릭스가 등장하게 된 배경과 브릭스 국가 간 협력과 견제 동향 및 포스트-브릭스(Post-BRICS)의 의미에 대해 살펴보고자 한다.

1) 브릭스 등장 배경

국제금융시장을 주도하는 대표적 투자증권회사인 골드먼삭스는 2003년 투자전략보고서를 통해 거대 성장 가능성이 잠재된 국가로 브라질·러시아·인도·중국을 꼽았으며, 이들 각국의 머리글자를 따서 브릭스라는 신조어를 만들어냈다. 브릭스 국가들의 공통점은 거대한 영토와 인구를 바탕으로 막대한 내수 시장과 풍부한 노동력을 소유하고 있을 뿐만 아니라 각종 자원과 성장 잠재력을 보유했다는 것이다. 골드먼삭스는 2050년 브릭스 각국의 국민총생산이 세계 6위권 내에 포함되고 그 순서는 중국, 미국, 인도, 일본, 브라질, 러시아 순이 될 것이라고 예측했다. 한편 중국은 2010년 이미 일본의 국민총생산을 앞질렀다.

브릭스가 등장한 배경은, 브릭스 각국이 거대한 성장 잠재력을 보유했다는 점은 물론 골드먼삭스가 세계금융시장의 중심지인 뉴욕 월가(Wall Street)의 투자증권회사로서 의도적으로 브릭스에 대한 세계의 관심을 유도하고자 투자 활동에 나선 것과도 관계가 있다. 그뿐만 아니라 1997년 아시아 외환위기를 계기로 국제자본이 아시아 이외에 다른 새로운 시장을 찾게 된 배경도 있다. 어찌 됐든 브릭스는 성장 잠재력이 매우 높은 국가들로서 한국에게는 주요 진출 대상국들이다.

한편 인도·브라질·남아공이 남남협력(개발도상국 간 경제·기술협력) 강화를 위한 협의체로서 입사(IBSA, 인도·브라질·남아공의 머리글자를 딴 신조어)를 구성해 정상회담 등을 개최하며 교류를 강화해오다가, 2011년 4월 중국에서 개최된 제3차 브릭스정상회의를 계기로 남아공이 브릭스 국가에 공식 편입됨으로써 브릭스 회원국은 4개국에서 5개국으로 확대됐고 이로 인해 BRICs를 BRICS로 부르기도 한다.

2) 브릭스 협력과 견제

(1) 협력

골드먼삭스가 브릭스라는 신조어를 만들었지만 이를 계기로 거대 신흥국가들인 브릭스는 협력을 강화해왔다. 국제사회에서 자국의 입지를 강화하려는 의도가 서로 부합되어 2009년부터 정상회담을 매년 개최해오고 있는 것이다. 2009년 6월 러시아 예카테린부르크에서 개최된 제1차 정상회담을 통해 브라질·러시아·인도·중국 4개국 정상은 국제금융기구 내 개도국의 역할 확대와 세계금융위기를 계기로 대두된 안정적이고 예측 가능하며 다양한 통화 시스템의 필요성을 강조하면서 4개국 간 협력을 강화해 나갈 것에 합의했다. 그리고 2010년 4월 브라질의 수도 브라질리아에서 개최된 제2차 정상회담에서 브릭스 정상들은 국제통화기금 등 국제금융기구와 유엔의 개혁, 회원국 간 무역대금 결제 시 상호 자국 통화의 사용 확대, 금융시장에 대한 규제 강화 등에 합의했다.

2011년 4월 남아공이 정회원국으로 참여한 가운데 중국에서 개최된 제3차 정상회담에서 브라질·러시아·인도·중국·남아공 5개국 정상은 브릭스를 상시적인 국제 협력체로 발전시켜 나가고 국제통화기금·국제부흥개발은행 개혁 추진, 브라질·인도·남아공의 안보리 상임이사국 진출과 러시아의 세계무역기구 가입 지지, 브릭스 안보담당대표단회의 개최, G-20 틀 내 협력 강화 및 테러 등 안보 분야에 대한 공조 추진에 합의했다. 이와 같은 동향은 브릭스가 정치·안보 의제까지 논의를 확대해 나감으로써 명실상부한 정치경제 협의체로의 발전을 추구하고 있음을 반영한다. 정상회담과는 별도로 회동한 브릭스 중앙은행 총재들은 무역 거래 시 자국 통화 결제 시스템을 도입하여 환차손을 줄이고 자국의 통화가치를 높임은 물론 통상 확대 효과를 극대화하자는 데 합의했다. 한편 상하이협력기구에 중국과 러시아가 정회원국으로, 인도는 옵서버국으로 참여하여 유라시아의 평화와 안보를 위한 전략적 연대 강화를 추진 중이어서 주목받고 있다.

이와 같은 브릭스의 협력 강화는 미국의 우려 대상인데, 미국은 이들에 대해 당근과 채찍을 병행하는 강온 양면적인 '봉쇄적 포용(Containment + Engagement: Congagement)'을 통해 브릭스의 동맹 가능성을 견제해 나갈 것으로 예상된다. 한편 패권국에 대한 브릭스의 도전 가능성과 관련해 자유주의이론은 브릭스의 부상이 상호의존협력 관계에 어떤 변화를 가져올 것인가에 주목하는 반면, 현실주의이론은 브릭스의 부상이 패권국의 패권 지위에 어떤 영향을 미칠지에 관심을 둔다.

(2) 견제

브릭스 견제 동향도 나타나고 있다. 인도가 세계무역기구 내에서 중국에 대한 반덤핑 이슈를 주도하는 한편, 인도와 중국 양국 간에는 국경분쟁이라는 갈등 요소가 뿌리 깊게 잠복하고 있는 상황이다. 이 외에도 미국이 요구하고 있는 중국의 위안화 절상 문제를 놓고 중국과 브라질이 이견을 보이는 등 브릭스 사이에도 미묘한 입장 차이가 존재한다. 이에 따라 브릭스 협력에는 한계가 있으며 공조의 밀월이 지속되기는 어렵다는 전망이 제기된다.

3) 포스트-브릭스

골드먼삭스는 2005년 브릭스 외에 2050년 세계경제의 중심이 될 여타 11개 국가를 선정하고 Next-11으로 지칭했다. 이들 국가는 한국·방글라데시·파키스탄·인도네시아·필리핀·베트남·이집트·터키·이란·나이지리아·멕시코이다. 한편 2011년 한국의 대한무역투자진흥공사(KOTRA)는 한국 경제의 성패가 달린 신흥 시장이자 공략 대상으로 Next-15을 꼽았다. 이들은 브릭스를 포함한 15개국으로 브라질·러시아·인도·중국·남아공·터키·이집트·케냐·파키스탄·베트남·인도네시아·필리핀·방글라데시·호주·멕시코이다.

이와 관련해 브릭스를 보완하거나 대체할 수 있는 여타 성장 잠재 국가들은 포스트-브릭스로 지칭된다. 포스트-브릭스로 선정되기 위한 요소에는 수출시장 거점으로서의 적합성, 자원 기지화 가능성, 역내 영향력 등이 감안된다. 그리고 브릭스든 포스트-브릭스든 기본적으로 검토되어야 할 4

가지 조건은 거시경제 안정성, 정치적 성숙도를 포함한 적절한 제도 확립, 대외 개방, 교육의 질인데 브릭스는 이러한 조건을 비교적 잘 갖추고 있는 것으로 평가된다.

우리로서는 국제 교역과 해외 진출이 한국 국가경제에 사활적 요소로 작용하고 있는 만큼 지속적으로 새로운 시장을 개척해 나가되, 진출 시에는 각국에 맞는 국가별 현지화 진출 전략을 강구해야 한다.

...12

새로운 안보 이슈
환경·빈곤·인권·테러리즘·국제범죄

　탈냉전 이후 국제사회를 위협하는 새로운 안보 이슈들로 경제·환경·빈곤·인권·테러리즘·국제범죄 등이 부각되고 있다. 이와 관련해 제11장에서는 경제문제와 관련된 이슈에 대해 살펴봤고, 이어 이번 장에서는 환경 등 여타 이슈에 대해 살펴보려 한다.
　이러한 새로운 안보 이슈들은 각각 독립된 것이 아니라 서로 연계되어 위협을 확산시킨다는 점에서 주목된다. 예를 들어 환경문제로 인한 기후변화는 사막화를 촉진하는데, 이로써 난민이 발생하는 것은 물론 농작물 수확량이 감소해 빈곤이 심화되고 또한 빈곤은 테러와 국제조직범죄의 요인이 되며 이 과정에서 인권이 유린된다.
　이미 제4장에서 21세기 국제질서의 특징 중 하나인 국제 테러리즘의 확산에 대해 살펴봤지만 이는 21세기 국제질서의 다른 특징인 미국의 패권과 연관 지어 검토한 것이고, 이번 장에서는 9·11 테러를 계기로 부각된 뉴테러리즘과 테러 대응 및 사이버 테러 등에 관해 살펴볼 것이다.

1. 환경

1) 환경문제의 국제 이슈화

환경은 생물에 직간접적으로 영향을 주는 자연적 조건을 의미하며 지구환경문제란 환경 변화가 개별 국가를 넘어 전 지구적으로 영향을 미치는 것을 말한다. 환경 변화의 원인으로는 천재지변, 환경오염, 개발 및 전쟁으로 인한 환경 파괴, 환경 조작 등이 제기된다.

선진 산업국에서 탈물질주의적인 가치가 주요 이슈로 떠오르면서 1960년대부터 환경에 대한 관심이 집중되기 시작했는데, 1962년 레이철 카슨(Rachel Carson)은 『침묵의 봄(Silent Spring)』을 통해 개발과 성장에 눈이 멀어 무차별적으로 화학 살충제를 살포하는 인간의 이기심이 땅을 오염시키고 나무를 시들게 하여 봄이 와도 새들이 날아들지 않는 침묵의 세상이 올 것이라고 경고했다. 이를 계기로 환경보호운동이 활발해졌고 1970년 미국의 환경보호단체들은 지구의 날(매년 4월 22일)을 제정해 전 세계적인 환경보호 캠페인을 전개해오고 있다.

1970년대 들어 환경문제에 대한 학문적 연구가 본격화됐고 유럽에서는 녹색당과 시민단체들이 환경 보존을 주장하는 정치적 목소리를 표출하기 시작했다. 이와 함께 환경과 개발을 조화시키자는 지속 가능한 개발(Sustainable Development)의 개념이 등장했다.

1980년대 들어 지속 가능한 미래의 중요성이 강조되면서 1987년 세계환경개발위원회가 제출한 「브룬틀란드보고서」는 성장 위주의 개발이 자연환경을 지나치게 파괴하고 미래 세대의 자원까지 남용하고 있다는 비판 의식하에 지속 가능한 개발을 '다음 세대 수요의 충족을 감소시키지 않으면서 현 세대의 수요를 충족시키는 개발'로 정의했다. 다음 세대의 수요를 보호하는 방법 중 하나로 치어의 남획 방지를 꼽을 수 있다.

특히 탈냉전을 계기로 환경이 하나 또는 몇몇 국가의 문제가 아닌 지구촌 전체의 문제로 인식되면서 초국가적 안보 이슈로 부각됐는데, 환경문제는 오존층 파괴와 자원 고갈 문제 등을 포함하고 있다. 환경문제의 특징은 첫 번째, 환경의 파괴 및 오염 시 회복이 곤란하고, 두 번째, 문제 해결에 드는 비용의 부담과 책임 소재가 불분명함으로써 국가 간 갈등 소지를 내포하고 있으며, 세 번째, 자원 고갈 등으로 환경 난민 발생, 영토 분쟁 가능성 등 국제정치적 성격의 문제가 일어날 수 있다는 점이다.

한편 선진국은 지구환경문제의 원인을 개도국에게 돌린다. 개도국이 원시림을 파괴하고 환경보호 노력을 기울이지 않는 등 환경에 대한 인식이 희박하다고 주장한다. 즉, 문제의 근원이 개도국에 있는 만큼 그 해결 또한 개도국이 책임져야 한다는 입장이다. 이에 반해 개도국은 선진국의 과도한 자원 소비가 지구환경 파괴의 주요 원인이며 선진국은 개도국의 환경오염 감소 노력에 기술적·재정적으로 지원해야 한다는 입장을 견지한다. 또한 선진국에게 오염 배출 물질을 감소시킬 수 있는 환경 기술의 이전을 요구한다.

2) 글로벌 환경 거버넌스

환경을 관리하고 환경으로 인한 위협을 사전에 예방하기 위해 여러 행위 주체가 논의의 장을 펼치는 협력 네트워크인 글로벌 환경 거버넌스가 구축되기 시작했다. 즉, 글로벌 차원의 다양한 행위자가 지구환경보호라는 목적을 달성하기 위해 이해관계를 조정하고 서로 지켜야 할 규칙으로 레짐을 형성하며 이행하는 과정이 글로벌 환경 거버넌스인 것이다.

환경문제를 해결하기 위한 초기의 국제적 노력으로 1972년 스웨덴 스톡홀름에서 유엔환경회의가 개최되어 환경전담기구 창설을 결의했고, 이에 따라 같은 해 유엔총회에 의해 유엔환경계획(UNEP)이 설립됐다. 이와 함께 1983년 국제열대목재협정, 1985년 오존층 보호를 위한 빈협약, 1987년 빈협약 후속 조치로서 몬트리올의정서 제정, 1989년 유해 폐기물 처리에 관한 바젤협약이 체결되는 등 환경보호를 위한 국제 레짐이 형성됐다.

글로벌 거버넌스를 통해 지구환경문제를 다루려는 노력은 탈냉전과 함께 1990년대 이래 활성화됐다. 특히 1992년 브라질 리우에서 정부 대표와 국제기구는 물론 1만 5,000명의 비정부기구 종사자가 옵서버 자격으로 참가한 가운데 개최된 유엔환경개발회의(UNCED)는 지구 온난화 방지를 위한 온실가스 규제를 추진하고자 기후변화협약을 채택했다. 1997년에는 일본 교토에서 기후변화협약의 구체적 이행 방안을 규정한 교토의정서가 채택되어 온실가스의 감축 목표치를 규정했으며, 이에 따라 1차 의무국가는 2012년까지 1990년 기준 온실가스의 5.2% 감축을 추진하기로 했다. 2002년에는 남아공 요하네스버그에서 지속 가능한 발전을 위한 세계정상회의가 개최되어, 석유·가스·석탄 등 화석 연료의 사용 억제와 태양력·풍력 등 재생 가능한 에너지 사용을 확대해 나가기로 합의하고 개도국의 개발을 지원하기 위한 공적개발원조(ODA) 증액 문제를 논의했다.

한편 기후변화협약 문제와 관련한 대립을 보면 한국과 멕시코 등이 1차 의무국가에서 면제되어 유예 조치 혜택을 받는 등 개도국 지위를 유지하자 미국은 상당수 국가가 의무 감축에서 면제됐음을 지적하고 이는 무임승차에 해당한다며 문제를 제기했다. 그리고 2001년 3월 교토의정서 탈퇴를 선언했다. 미국은 세계 인구의 4.6%를 차지하는 반면, 지구온난화의 주범인 전 세계 온실가스의 25~28%를 배출하고 있다. 미국은 교토의정서에 의거한 강제 감축을 추진하는 대신 청정 기술을 이용한 자발 감축을 추진하자고 주장했다. 그러나 2007년 12월 인도네시아 발리에서 개최된 제13차 기후변화협약 당사국 총회는 교토의정서가 종료되는 2012년 이후 국제사회의 대응과 관련해 선진국과 개도국이 모두 온실가스 감축에 참여하기로 합의한 발리 로드맵(Bali Roadmap)을 채택했다. 미국 또한 2012

년 이후 기후변화체제에 참여하기로 했다.

지구온난화란 이산화탄소를 주축으로 메탄, 이산화질소, 불화탄소, 수소화불화탄소, 불화유황으로 이뤄진 온실가스가 대기권의 막을 형성하고 이러한 막이 온실의 유리 지붕과 같은 역할을 함으로써 지구 표면의 온도가 올라가는 현상이다. 한편 온실가스로 오존층이 파괴되면 자외선에 직접 노출되어 피부암을 유발하는 것은 물론 산소를 만드는 해조류의 증식을 억제해 인류 건강에 악영향을 미친다.

3) 환경안보와 환경보건

선진국이 개도국의 느슨한 환경기준을 지적하고 환경문제를 무역과 연계하기 시작하면서 환경안보 문제가 제기됐다. 이와 관련해 1995년 세계무역기구 출범 시 환경과 무역 간 연계를 검토하기 위한 무역환경위원회가 설치됐으며 이에 따라 자동차 수출 시 유해가스 배출 기준이 검토되고 장난감 수출 시에도 장난감 재료에 유해 물질이 포함됐는지 등이 조사되고 있다. 2011년 3월 발생한 동일본 대지진 때는 쓰나미 때문에 원전이 파괴되어 방사능이 유출됐다. 이에 따른 대기 오염에 이어 원전의 방사능 오염수 방출로 해수 오염이라는 환경문제가 파급됐다. 이러한 환경문제는 일본을 포함한 주변국 국민의 건강 문제와도 연관되어 검토됐다. 이처럼 환경은 인간의 건강과 직결된 주요 안보 이슈 중 하나가 됐다.

최근 환경과 보건은 안보 측면에서 같은 이슈로 취급되어 '환경보건'이라고 일컫는다. 환경보건이란 국민의 건강과 생태계의 건전성을 보호하는 것이다. 2002년 세계보건기구는 산업국가에서 25~33%의 질병이 환경 요인에 의해 발생하고, 특히 어린이와 취약 계층에 큰 영향을 미친다고 보고했다.

한편 환경보건에 대한 대응이 쉽지 않은 것으로 나타나기도 하는데, 예를 들어 아프리카에 만연한 에이즈 문제와 관련해 다혼 관계의 관용, 문맹률, 에이즈 예방에 대한 미교육 등 문화적 요인을 바꾸려는 외부의 시도는 실질적으로 어려울 뿐만 아니라 간섭으로 여겨질 수도 있다. 이런 점에서 지역 문화와의 간격(Gap)을 깨기 위한 습득 훈련이 필요하고 해당 지역 주민에 대해 홍보 활동 및 관련 교육 프로그램의 실시가 지속적으로 이뤄져야 한다. 왜냐하면 환경보건 문제가 현재 전 지구적 문제가 되고 있기 때문이다. 아울러 국제안보 차원에서 국제사회는 인류를 환경보건 문제로부터 보호하기 위해 협력 및 공동 대응해 나가야 할 것이다.

4) 환경문제와 한국

한국은 현재 세계 10위 정도의 이산화탄소 배출 국가이며 1996년 경제협력개발기구에 가입한 선진국으로서 이산화탄소 배출 감축을 위한 의무 부담이 있다. 이와 관련해 한국 정부는 2009년 11월 자발적인 온실가스 감축 목표로 2020년 배출 전망치 대비 30% 감축을 설정하고 이를 유엔에 제출했다. 배출 전망치(BAU)란 온실가스 감축 정책을 별도로 시행하지 않았을 때 예상되는 배출량을 의미한다. 또한 2010년 4월「저탄소녹색성장기본법」을 제정했으며, 환경 거버넌스 차원에서 2006년 2월 민관환경정책협의회를 발족 운영하고 있다.

한편 2010년 7월 케냐 나이로비에 본부를 두고 있는 유엔환경계획은 한국 환경부에 '대한민국 축구 대표 팀이 2010 남아공 월드컵 때 배출한 이산화탄소가 5,344유로'라고 통보해왔다. 이는 한국 선수단이 현지 체류 시 배출한 이산화탄소 668톤(국제선 왕복 항공 584톤, 남아공 국내 항공 및 버스 이용 54톤, 현지 숙박 시설 난방 및 전기 사용 30톤)의 제거 비용을 톤당 8유로(약 1만 2,296원)로 계산한 것이다. 유엔환경계획은 이 같은 이산화탄소 기금을 모아 개도국에 태양광 발전 시설을 설치하고 쓰레기를 소각하는 대신 퇴비화하는 시설을 설치할 계획이다. 이처럼 한국은 경제협력개발기구 내 개발원조위원회(DAC) 가입국으로서 세계 환경 문제에 대한 의무를 부담해야 하는 입장이다.

2. 빈곤

1) 남북문제 대두

남북문제는 지구의 북반구에 위치한 대부분의 선진국과 남반구에 위치한 후진국 간의 경제적 격차를 의미하며, 이는 국제정치에서 갈등 요소가 되어왔다. 이러한 국가 간 빈부 격차는 18세기 영국의 산업혁명을 기점으로 발생했다. 산업혁명이 유럽 각국으로 파급되어 북반구 국가들은 산업국가로 성장할 수 있었던 반면, 아프리카-중남미 및 아시아 국가들은 유럽의 식민지 정책에 의한 산업화의 원료 공급지 및 상품 시장으로 전락해 1차 상품 위주의 산업구조로 고착됐다는 것이다.

1950년대부터 후진국들은 자신의 빈곤 문제를 국제적 문제로 인식하고 행동하기 시작했는데, 이들 국가의 지도자들은 1955년 인도네시아 반둥에서 회동하여 제3세계 공동전선의 형성을 선언하고 비동맹운동을 전개하기 시작했다. 한편 후진국의 저발전 문제는 제3장에서 살펴본 종속이론을 중남미 지역에서 태동시키기도 했다.

선진국은 후진국의 저발전과 빈곤 문제가 국제경제의 구조로 인해 발생하는 문제가 아니라 후진국 자체의 문제로서 후진국들의 부족한 자본, 낮은 생산성, 기술적 기반·사회간접자본·교육제도의 취약성에서 비롯된다고 지적한다. 그리고 선진국과 후진국의 경제 격차는 일시적이고 과도적인 현상으로 선진국에서 후진국으로 부의 이동이 이뤄질 것이라고 주장한다. 따라서 후진국이 경제성장을 이루기 위해서는 선진국의 발전 경험을 따르고 세계시장에 적극 참여하여 통합되어야 한다는 입장을 견지한다.

이에 반해 후진국은 저발전의 원인을 선진국과의 관계에서 찾는데, 자유무역이 후진국에 불리하게 작용한다고 주장한다. 후진국의 1차 상품 수출 가격은 장기적으로 하락하는 반면, 선진국의 공산품 가격은 장기적으로 상승하기 때문에 불평등한 무역조건에 따른 불이익이 파생된다고 강조한다. 후진국은 또한 국제금융체제 역시 저발전의 원인이라고 주장하는데, 다국적 은행이 후진국에 대한 차관 제공을 통해 금융 종속의 심화를 도모한다고 지적한다.

2) 제3세계의 전략: 빈곤 문제

제3세계 개도국들은 유엔에서 수적 우세를 활용하여 집단적인 힘을 행사하는데, 1964년 유엔무역개발회의를 창설했으며 이 기구를 선진국과의 협상 도구로 활용하기 시작했다. 유엔무역개발회의 창설 시 모인 77개국을 G-77이라고 부르는데, G-77은 기존 무역질서인 관세 및 무역에 관한 일반협정 체제가 선진국의 이익을 일방적으로 옹호할 뿐이라며 선진국을 상대로 새로운 국제무역제도의 확립을 골자로 한 신국제경제질서를 주장했다. 신국제경제질서는 중동전쟁 이후 석유수출국기구 회원국을 포함한 개도국들에 의해 1974년 유엔총회에서 공식 채택됐는데, 이는 기존의 국제자유경제질서(LIEO)에 대한 대안으로 제시된 것이었다. 신국제경제질서가 채택될 수 있었던 것은 당시 석유파동이 한창이었으며 석유수출국기구 회원국들이 개도국에 포함되어 있었기 때문이다.

G-77이 선진국에 요구한 일반특혜관세제도의 확대 등이 선진국에 의해 받아들여졌는데, 이 제도는 선진국들이 관세 및 무역에 관한 일반협정의

원칙을 위반하지 않는 범위에서 개도국에게 무역상의 특혜를 부여한 제도적 장치로서 한국도 1989년까지 미국으로부터 이 제도의 혜택을 받았다. 그러나 개도국들은 신국제경제질서 확립에 성공하지 못했다. 그 이유는 기본적으로 선진국들이 호응하지 않은 가운데 개도국들이 산유국, 저개발국, 신흥 공업국 등으로 분열됐기 때문이다.

신흥 공업국이란 1960~1970년대에 빠른 경제 발전을 달성한 국가들로서 당시 한국을 비롯해 타이완·홍콩·브라질·멕시코 등이 해당됐다. 한편 한국은 1964년 G-77에 가입했으나 경제협력개발기구 가입으로 1997년 G-77을 탈퇴한 이후 게스트 자격으로 참여하고 있다.

3) 선진국의 개발 협력과 개발원조

남북의 경제적 격차가 더 벌어지면서 선진국은 빈곤 문제가 지구촌 전체를 황폐화시키는 위협 요인이 될 수 있음을 인식하게 됐다. 또한 선진국은 이러한 빈곤 문제가 선진국과 개도국 모두의 적극적인 노력 없이는 해결되기 어렵다고 여기게 됐다. 그리하여 선진국은 개도국에 대한 원조를 생각해냈으며 이와 같은 원조는 제2차 세계대전이 종식된 이후 미국을 중심으로 시작됐다. 한편 단순히 물고기를 나눠주는 것보다는 물고기 잡는 법을 가르쳐주는 방식의 원조가 좋다고 여겨 이에 따라 개도국의 개발과 관련된 프로젝트 및 프로그램이 추진됐다. 물론 이런 원조는 개도국에 대해 영향력을 확대하고 원조 시 자국 상품의 구매를 촉진시키려는 선진국의 정치외교적·경제적 의도로 이용되기도 했다.

개발 협력에 대한 정의를 살펴볼 필요가 있는데, 'Development'는 개발 또는 발전으로 번역되며 개발은 유럽에서 산업혁명 이후 경제와 사회의 성장·진보 또는 산업화·근대화를 의미하고 빈곤을 제거하는 과정으로 해석되기도 했다. 그리고 개발 협력은 개도국과의 개발과 관련된 협력을 의미하게 됐다. 또한 원조를 제공하는 공여국(선진국)이 원조를 받는 수원국(개도국)의 경제적 발전과 사회복지 증진을 목표로 지원하는 원조, 즉 개발원조를 의미하기도 한다.

특히 탈냉전 이후 빈곤이 지구촌 전체를 위협하는 안보 문제가 된 데 따라 선진국과 개도국 간 개발 협력의 중요성이 부각됐다. 물론 냉전 종식 이후에 이념 대립이 퇴조하여 선진국의 원조 동기가 저하되고, 선진국이 경제적 어려움을 겪음으로써 원조 규모가 소폭 증가하기도 했다. 그러나 민주화 발전이 이뤄지고 비정부기구가 성장하면서 민간 영역에 의한 개도국 지원이 늘어났다. 이와 함께 2000년 9월 전 세계 정상과 정부 대표들은 새로운 천년에 인류가 맞게 될 미래에 대해 토론하기 위해 유엔본부에서 천년정상회의(Millenium Summit)를 갖고 지난 천년 동안 해결하지 못하고 남겨진 각종 개발의 난제를 공동으로 해결하자는 천년선언(Millenium Declaration)에 서명했다. 이에 따라 절대 빈곤, 기아 퇴치 및 개발을 위한 범지구적 파트너십의 구축 등이 포함된 천년개발목표(MDGs)가 채택됐으며 실효성 있는 개발원조를 위한 공여국 간 협력이 진행되고 있다.

개도국의 빈곤 문제가 환경·인권·테러 등과 연계되어 위협 요인이 되고 있는 가운데 9·11 테러 이후 미국을 포함한 선진국은 제3세계의 빈곤을 테러리즘의 원인으로 보면서 개발원조의 중요성을 새롭게 인식하고 있다. 예를 들어 최근 소말리아 인근 해역에서 해적에 의한 피랍 사건이 빈발하는 것과 관련해 해적 행위를 근절시키기 위해서는 먼저 그런 행위가 발생한 배경과 원인을 파악하고 근본 대책을 마련해야 하며, 국제사회가 공조해서 소말리아 정부를 도와 경제를 살려 빈곤과 청년층 실업 문제를 해결해야 한다는 의견이 대두됐다.

남북문제를 해결해보려는 이러한 개발원조는 일반적으로 공적개발원조로 지칭된다. 공적개발원조는 무상 원조와 공공차관(낮은 이자)인 유상 원조로 이뤄지며, 원조의 형태는 국가 대 국가 또는 국제기구를 통한 다자

간 원조로 나타난다. 선진국들은 국제경제환경의 개선을 목적으로 1961년 경제협력개발기구를 창설하고, 이 기구의 산하기관으로 개도국에 대한 원조를 전담하는 개발원조위원회를 출범시켰다. 개발원조위원회는 매년 개도국에 주어지는 모든 자금의 흐름을 파악하고 개발원조의 정책을 조정하고 비전을 제시할 뿐만 아니라 정보와 의견을 교환하고 있다. 선진국들은 2011년 현재 공여국 평균 국민총소득(GNI)의 0.3% 정도에 불과한 공적개발원조를 0.7%로 증대시키려는 목표를 추진 중이다.

4) 한국의 개발원조

한국은 1996년 경제협력개발기구에 가입한 데 이어 2010년 1월부터 개발원조위원회 회원국으로 활동하고 있는데, 원조 수원국에서 원조 공여국이 된 첫 번째 사례이며 선진국으로서 국제사회에 기여하고 개도국과의 개발 협력을 위해 개발원조를 지속하고 있다. 한국은 국제사회에서의 역할을 확대하기 위해 2011년 현재 0.1% 정도 수준인 공적개발원조 규모를 2015년까지 0.25%(약 30억 달러)로 증액한다는 계획을 추진하고 있다. 한편 선진국의 무상 원조 비중은 공적개발원조의 90% 이상을 차지하는 반면, 한국의 무상 원조 비중은 약 60% 정도이다.

개발원조는 한국이 개발원조위원회 회원국으로서 선진국의 의무를 이행함은 물론 국제적 위상을 높이는 동시에 돈만 벌려는 국가라는 부정적인 인식을 불식시키고 궁극적으로는 해외 진출에도 크게 기여할 것이다. 한편 한국의 개발원조는 북한에 대한 개발 협력 및 개발원조와도 연결된다. 앞으로 북한과의 관계 진전에 따라 개발원조를 바탕으로 한 남북협력 사업을 발굴 추진할 필요성이 증대될 것이기 때문이다. 이와 함께 비정부기구를 통한 북한 개발 지원 활동도 늘어날 것으로 예상된다.

3. 인권

1) 인권의 개념, 문제 제기 및 쟁점

인권은 자유와 평등을 바탕으로 인간으로서 당연히 갖는 기본적인 권리를 뜻한다. 단순히 생명 보장이라는 소극적 의미로서가 아니라 적극적인 의미로 생명의 존엄성을 위해 필요한 보호적 가치를 지칭하는 것이다. 유엔헌장 제1장 제1조 제3항에서도 유엔의 목적이 인권(Human Rights)을 증진하기 위한 국제 협력을 달성하는 데 있다고 명시하고 있다.

인권 문제는 제2차 세계대전이 종결된 후 국제사회에서 지속적으로 논의되어왔으며 냉전이 끝난 후 더 많은 관심을 불러일으켰다. 제2차 세계대전 중 나치 독일은 인종 청소라는 명목 아래 약 600만 명의 유대인을 학살했고, 전쟁 종결 후에는 남아공의 아파르트헤이트(Apartheid, 인종차별) 문제가 계속 제기됐다. 또한 냉전 종식 후 르완다 내전, 소말리아 내전, 보스니아-코소보 사태 등에 따른 학살 및 아프가니스탄 탈레반 정권에 의한 제도적인 여성 탄압 등 인권 문제가 포괄적 안보 개념과 함께 새롭게 제기됐다. 이처럼 냉전 종식은 인권을 증진시키기 위한 국제적 노력을 활발하게 만드는 계기가 됐다.

인권이 국가·종교·문화와는 상관없이 전 세계인에게 적용 가능한 보편주의라는 주장의 상대편에는 각 문화의 독특한 환경과 역사적·사회적 상황에서 인권을 이해해야 한다는 문화상대주의가 있다. 중국 등은 문화상대주의를 내세우며 서방국가들이 중국의 인권 정의를 두고 내정을 간섭하고 있다고 주장한다. 한편 국제 인권 비정부기구는 인권 문제와 관련해 아동노동, 소년병, 노예, 인종차별, 노동 착취, 여성 차별·폭력, 고문, 실종, 박해받는 소수집단 등을 이슈화하고 있다. 인권은 오늘날 지구촌 사회를 위협하는 주요 문제로 부각되고 있다.

2) 인권 증진 노력

국제적인 인권 증진 노력은 제2차 세계대전 후 유엔에 의해 공식적으로 나타났는데, 1946년 경제사회이사회 산하에 설치된 인권위원회(UNCHR)는 1948년 세계인권선언을 마련했으며 유엔총회에서 반대 없이 채택됐다. 세계인권선언은 가장 권위 있는 인권 규범으로 간주되고 있으며 인간 개개인의 시민으로서의 권리, 정치적 권리, 집단적인 경제사회적 권리에 대한 기준을 포함하고 있다. 이후 1966년 국제인권규약이 채택됨으로써 세계인권선언의 도의적 구속력에 비해 체결국들을 법적으로 구속하려는 노력이 보다 강화됐다.

인권위원회는 2006년 유엔총회 산하의 인권이사회(UNHRC)로 재탄생했는데, 유엔회원국의 인권 상황을 개선하고 인권침해를 해결하기 위해 설립됐다. 이사국은 5개 지역별로 총회에서 비밀투표를 거쳐 회원국의 절대다수 득표를 얻은 국가가 선출되는데 임기 3년의 47개국으로 구성된다. 인권이사회는 인권위원회로부터 유지되어 온 분야별 인권특별보고관제도를 지속적으로 운영하고 있으며 이와 관련해 북한인권특별보고관이 활동 중이다. 북한인권특별보고관은 북한의 인권 상황을 조사하고 그 결과를 유엔에 보고하도록 되어 있으며, 2004년 당시 인권위원회 결의로 최초 임명됐다. 유엔총회는 2005년 이래 매년 북한인권비난결의안을 채택하여 고문과 비인간적 구금 상태 등 북한의 인권유린을 비난하면서 인권 상황의 개선을 촉구하고 있다.

한편 1997년 당시 인권위원회는 일본이 조선인 종군위안부 피해자들에게 정부의 공식적인 보상을 회피한 채 민간 기금(아시아여성기금)을 통해 보상금을 지급한 것에 유감을 표시하고, 여성폭력문제특별보고관의 권고에 따라 일본에 대해 종군위안부에 대한 법적 책임을 인정할 것과 정부의 공식 보상을 이행할 것을 촉구했다.

3) 인권 레짐과 인권기관

주요 국제인권레짐으로는 앞서 살펴본 세계인권선언(1948년)과 국제인권규약(1966년)이 있으며, 1990년대 이후 주요 레짐으로는 유엔아동권리협약(1990년), 아동무력분쟁참여에관한선택의정서(2002년) 등이 있다.

주요 인권 기관으로는 유엔난민고등판무관실, 국제형사재판소(ICC), 국제사면위원회 등이 있는데, 유엔난민고등판무관실은 1949년 유엔총회 결의로 설립됐으며 난민에 대한 인도적·사회적 견지에서의 국제적 보호와 구제를 제공한다. 또한 유엔난민고등판무관실은 1951년 난민 지위에 관한 협약이 체결되는 데 기여했으며, 관련 공로로 1951년과 1981년 2차례 노벨평화상을 수상했다. 난민(Refugee)이란 인종·종교 또는 정치적·사상적 차이로 인한 박해를 피해 외국이나 다른 지역으로 탈출하는 사람들을 지칭한다.

국제형사재판소는 2002년 공식 출범한 정부 간 기구로 반인도적 범죄인에 대한 형사 처분을 통해 세계 평화와 정의를 실현하는 데 목적을 두고 있으며, 국제형사재판소 설립은 국제사회가 전쟁범죄 등에 대해 신속하게 단죄할 수 있는 사법 시스템이 제도화됐음을 의미한다. 한국은 2002년 11월 국제형사재판소협약을 비준했다.

국제사면위원회는 비정부기구로서 1961년 7월 창설되었으며 세계인권선언에 규정된 인권 기준이 전 세계에서 준수되는 것을 목적으로 한다. 그리고 인권침해를 보호하며 폭력을 행사하거나 옹호하지 않았는데도 정치적·종교적 또는 양심에 입각한 신념을 표현했다는 이유로 투옥된 양심수들의 석방을 지원한다. 이 기구는 인권 개선에 대한 공로로 1977년 노벨평화상을 수상하기도 했으며, 2008년 7월에는 한국에 특별조사관을 파견하여 당시 미국산 쇠고기 수입을 둘러싸고 전개된 촛불 시위와 관련해 인권침해 여부에 대한 조사를 진행하기도 했다.

한편 한국에서는 2001년 11월 입법부·행정부·사법부에서 독립된 인권기구로 국가인권위원회가 출범했으며 기본 인권 보호, 인권침해 행위의 조사와 구제, 국제인권조약 등 인권 레짐의 국내 이행 등을 목적으로 업무를 추진하고 있다.

4. 테러리즘

1) 테러리즘과 뉴테러리즘

테러리즘은 정치적·종교적·이념적·민족주의적인 목적을 달성하기 위해 수단과 방법을 가리지 않고 최대한 타격을 입혀 상대방의 인식 및 정책 변화를 유도하는 위협이자 폭력 행위이다. 테러리즘은 한편으로는 강자가 약자를 지배하기 위한 수단으로 다른 한편으로는 약자가 자신의 생존을 위해 강자에게 대항하는 방법으로 사용되어왔다. 그리고 세계화로 국경 장벽이 무너지고 교통 통신의 발달 및 인터넷 보급 같은 정보화에 의해 지구촌 전역으로 확산되고 있는 양상이다. 이제 테러리즘은 어느 한 국가 또는 몇몇 국가가 통제할 수 없는 초국가적인 위협이 됐다. 또한 정당하지 못한 수단에 의지하고 예측이 불가능한 비대칭 위협으로서 오늘날 대표적인 안보 이슈가 됐으며, 테러리즘에 대한 대응 활동은 21세기의 핵심적인 과제가 되고 있다.

특히 9·11 테러를 계기로 나타난 뉴테러리즘의 특징은 첫 번째, 요구조건·공격 주체 불명에 따른 추적 곤란, 두 번째, 불특정 다수에 대한 무차별적 테러의 급증, 세 번째, 국제적인 네트워크 조직으로 무력화 곤란, 네 번째, 테러의 긴박성으로 예측 곤란 및 대처 시간 부족, 다섯 번째, 핵 등 대량살상무기에 의한 테러 공격 가능성 대두, 여섯 번째, 언론 매체의 발달로 공포 확산 용이, 일곱 번째, 사건의 대형화, 여덟 번째, 중산층·인텔리 충원에 따른 테러의 지능화 등을 들 수 있다. 9·11 테러는 알카에다가 탈취한 여객기가 테러범들에 의해 조종되어 테러 수단으로 이용된 사건으로 뉴테러리즘의 특징을 잘 나타낸다. 2001년 9월 11일 뉴욕의 세계무역센터에 여객기 2대 그리고 국방성에 여객기 1대가 충돌하고 펜실베이니아 주에서 여객기 1대가 지상으로 추락함으로써 5,000명 이상의 사상자가 나왔고 막대한 재산 피해가 발생했다. 빈라덴이 2011년 5월 1일 파키스탄의 은신처에서 미국 해군 특수부대의 작전을 통해 사살됐지만 앞으로도 이슬람 과격 극단주의 세력에 의한 테러리즘은 지속될 것으로 예상된다. 그러나 이슬람 자체가 테러 집단이라는 시각을 가져서는 안 된다.

2) 테러 대응 전략

테러 대응 전략은 테러 발생을 사전에 예방하고, 만약 테러를 예방하지 못해 테러가 발생한다 하더라도 그 피해를 최소화하고자 하는 전략이다. 9·11 테러를 통해 나타난 것처럼 테러리즘으로 인한 피해는 상상을 초월한다. 그래서 오늘날 미국 중앙정보국을 포함한 전 세계 모든 정보기관이 테러리즘 예방에 주력하고 있다. 제8장에서 살펴본 바와 같이 정보는 사전에 예방하고 경고하며 대응해 나가는 것이기 때문이다. 테러 대응은 선택의 문제가 아니라 국가안보의 필수적 요소가 됐다. 정보가 안보 수단이 된다는 점에서 테러리즘으로부터 국제사회를 보호하기 위한 정보기관의 활동과 정보기관 간 협력은 그 어느 때보다도 중요해졌다.

테러에 대응하기 위해서는 정보기관의 테러정보 수집 활동이 중요하다. 관련 활동으로는 첫 번째, 테러리즘 주체에 관한 수집으로 테러범의 개인별 인적 사항, 신체 특징뿐만 아니라 테러 조직의 리더·규모·활동 목표·지원 세력 등이 포함된다. 두 번째, 테러리즘의 수단과 방법에 대한 수집으로 보유 무기 및 공격 방법 등이 포함된다. 오바마 대통령은 2010년 4월 핵안보정상회의 개막을 앞둔 기자회견에서 테러 조직이 핵무기를 획득할 가능성이 단기적·중장기적으로 미국 안보에 가장 큰 위협이 되고 있다고 강조했다. 세 번째, 신분 위장 수법에 관한 사항, 훈련 방법, 테러 조직 간 연계 활동과 관련한 내용의 수집이다. 네 번째, 예상되는 테러 공격 대상에 대한 취약성을 사전에 파악하고 이를 제거하는 데 수집의 초점을 두는 것이다. 다섯 번째, 활동 자금의 조성 및 이동과 관련된 사항의 수집으로, 추정되는 테러 자금에 대한 면밀한 추적이 요구된다. 9·11 테러범의 금융거래 패턴에 대한 조사 결과에 따르면, 테러 단서가 될 수 있는 사항은 '한 번에 거액을 넣어둔 뒤 조금씩 인출한다', '공과금, 자동차 할부금 등의 이체가 없다', '외국은행과 돈을 정기적으로 주고받는다', '생명보험에 가입하지 않는다' 등이다.

한편 테러활동의 주체인 테러범과 테러 조직은 정보기관 못지않게 철저한 보안과 비밀을 유지하기 때문에 테러리즘의 흔적을 찾고 예견하기가 힘들다는 것이 테러 대응과 예방의 문제점이다. 예를 들어 냉전 시절 미국 국가안보의 대상국이던 소련과 달리 테러리즘은 존재 확인이 가능하지도 않을뿐더러 예측할 수 있는 대상도 아니다. 즉, 테러범은 은폐된 존재로서 관찰과 징후 탐지를 통해 경고하기 힘든 대상이다. 소포 폭탄을 이용한 테러리즘 기도가 이를 잘 설명하고 있는데, 2010년 10월 두바이 항공에서 적발된 폭발물은 예멘에서 미국으로 발송된 토너 카트리지 안에 숨겨져 있었으며 휴대전화로 폭파할 수 있게 장치되어 있었다.

3) 사이버 테러

사이버 테러는 정보 통신망을 무력화시키는데, 사이버상에서 국가 기반 시설 또는 정보 자료에 피해를 입혀 국가안보까지 위협하는 일체의 공격 행위를 의미한다. 그리고 이러한 사이버 테러는 남의 일이 아니라 한국에서 이미 일어났다. 2009년 7월과 2011년 3월 한국의 국가기관 및 주요 은행 그리고 2011년 4월 농협 전산망에 대한 사이버 테러가 발생한 것이다.

미국 국토안보부의 자넷 나폴리타노(Janet Napolitano) 장관은 2010년 1월 '인터넷을 활용해 테러 조직을 연결시키고 나아가 사이버 공격을 획책하는 등 사이버 공격 문제가 커다란 위협으로 부상 중'이라고 강조했다. 이와 같이 과학기술을 이용한 사이버 테러는 언제 어디서나 네트워크에 접속할 수 있는 유비쿼터스(Ubiquitous) 시대인 21세기에 국가안보를 위협하는 요소로 떠올랐다. 이에 따라 사이버 안보의 중요성이 날로 증가하고 있으며, 안전한 정보화 사회를 구현하기 위해서는 사이버 테러에 대응할 수 있는 기술을 발전시키는 것은 물론 다른 국가와의 협력을 통해 사이버 테러의 징후를 조기에 탐지하고 대응할 수 있는 국가역량을 갖추는 것이 중요하다.

사이버 테러의 공격 유형은 일반적으로 악성 코드 공격, 서비스 거부 공격, 비인가 접근 공격의 3가지 형태이다. 이 중 악성 코드 공격은 전산 시스템을 파괴하거나 저장 자료를 유출하는 등의 활동을 몰래 수행하도록 제작된 프로그램인데, 컴퓨터 바이러스(Virus), 웜(Worm), 백도어(Backdoor), 트로이 목마(Trojan Horse)의 4가지로 구분된다.

첫 번째, 컴퓨터 바이러스는 전산 프로그램에 자신 또는 자신의 변형을 감염시켜 기생한다. 바이러스에 감염되면 해당 프로그램이 실행될 때마다 저장 자료가 삭제되는 등 악의적인 행위가 계속된다.

두 번째, 웜은 네트워크를 통해 자기 자신을 계속 복제 전파하면서 네트워크의 속도를 떨어뜨린다.

세 번째, 백도어는 기존에 설치되어 있는 보호 기술을 우회할 수 있는 비밀 입구이다. 이 프로그램은 비밀 입구에 대해 잘 알고 있는 전산 시스템 제작자가 만드는 경우가 많다.

　네 번째, 트로이 목마는 외관상 정상적인 프로그램처럼 보이지만 실제로는 사용자 몰래 컴퓨터를 원격 조종하거나 저장 자료를 절취 및 변조시킨다. 그리스와 트로이의 전쟁에서 그리스가 난공불락의 트로이를 함락시키기 위해 사용한 목마에서 유래된 이름이다. 2010년 1월 ≪선데이타임(Sunday Times)≫은 영국의 방첩 담당 정보기관인 MI-5의 문서를 인용하여 중국의 정보 요원들이 무역전시회 등에서 업계의 고위 임원들에게 접근하여 융숭한 접대를 하고 카메라, 메모리 카드 같은 선물을 제공했는데 이것들에 중국 정보 당국이 원격 조종할 수 있는 트로이 목마 프로그램이 깔려 있었다고 보도했다.

　서비스 거부 공격은 네트워크 또는 전산 시스템에 과도한 부하를 유발하여 정상적인 정보 통신 서비스를 중단시키거나 성능이 떨어지게 하는 행위이다. 공격자가 원격 조종이 가능한 컴퓨터 수백~수천 대를 미리 확보한 후 특정 기관에 동시 접속해 대상 기관의 서비스를 마비시킨다. 신입 사원 모집 마지막 날 많은 지원자들이 회사 홈페이지에 동시 접속함으로써 홈페이지가 다운되는 일이 발생하는데, 이런 현상을 비의도적으로 발생하는 서비스 거부 공격이라고 볼 수 있다.

　한편 대규모 분산 서비스 거부 공격인 디도스(DDoS)는 대량의 컴퓨터가 악성 코드에 감염되도록 한 후 감염된 컴퓨터가 장애를 일으키게 만들어 특정 사이트의 정상 작동을 방해하는 수법이다. 즉, 불특정 다수의 일반인 컴퓨터에 디도스 공격 지시가 담긴 악성 코드를 몰래 깔아 활용하는 것이다. 이때 컴퓨터 소유자는 자신의 컴퓨터가 디도스 공격에 이용되는 것을 인지하지 못한다. 2011년 3월 청와대, 국회, 국방부 등에 디도스 공격이 시도됐다. 당시 디도스 공격이 뜻대로 이뤄지지 않자 공격 대신 컴퓨터의 디스크 삭제 등 자폭 명령이 시행됐다. 이는 2009년 7월 발생했던 디도스 공격보다 악성 코드 설계 기술이 놀랄 만큼 발전된 것이어서 우려를 불러일으켰다.

비인가 접근 공격은 패스워드를 불법으로 알아내 접속하는 등 인가를 받지 않은 채 접근하는 것으로 크래킹(Cracking), 해킹(Hacking) 등이 해당된다.

사이버 테러에는 전자전 무기가 사용되기도 하는데, 전자 폭탄과 전자총이 해당된다. 전자 폭탄은 고출력의 전자기 펄스(EMP) 에너지를 방출하여 사람에게는 피해를 주지 않지만 반도체로 작동되는 컴퓨터, 휴대전화 등 전자기기를 파괴하거나 작동을 중지시킨다. 미국은 2003년 이라크 전쟁에서 이 폭탄을 사용했다. 전자 총은 사람이 휴대하여 사용할 수 있다. 한편 2011년 3월 4일에서 6일까지 수도권 서북부 지역에 휴대전화의 오작동, 통화 품질 저하 현상이 발생했는데, 수사당국은 이에 대해 북한이 위성위치정보시스템(GPS)을 교란하는 전파를 발사했기 때문이라고 파악했다.

4) 테러리즘과 대량살상무기

테러리즘에 대량살상무기가 이용되는 것이 현재 가장 큰 우려를 불러일으키고 있다. 대량살상무기는 핵무기, 화학무기, 생물학무기를 일컫는다. 따라서 테러리즘의 수단으로 이용될 수 있는 대량살상무기의 확산은 오늘날 지구촌을 위협하는 주요 안보 이슈이다. 이와 관련해 이전의 대량살상무기 비확산(Nonproliferation) 개념은 확산에 대한 적극적인 대응을 의미하는 반확산(Counterproliferation) 개념으로 전환됐으며, 미국은 9·11 테러 이후 대량살상무기 확산을 차단하기 위해서는 선제공격도 불사한다는 전략을 추구하고 있다. 이라크 내 대량살상무기의 제거가 2003년 3월 미국이 이라크를 공격한 명분이었다.

이와 함께 미사일이 대량살상무기의 주요 운반 수단이 된다는 점에서 미사일 기술의 확산 방지를 위한 미사일기술통제레짐이 1987년 4월 체결됐다. 그리고 2003년 6월 대량살상무기 확산방지구상이 체결됐다. 한편 미국은 자국의 본토 및 우방국이 미사일로부터 공격받을 시 요격미사일을 발사해 방어한다는 미사일 방어 체제의 구축을 추진하고 있다.

9·11 테러를 계기로 화학무기 및 생물학무기에 대한 관심이 증가한 가운데 9·11 테러 직후 탄저균이 포함된 우편물이 미국 의회와 주요 언론사에 배달되어 5명이 사망하고 17명이 부상당했다. 화학무기는 관련 지식을 갖춘 테러 조직에 의해 쉽게 이용될 수 있으며 무기를 제조하기 위한 공간이 가정의 주방 정도 크기이면 충분하다. 또한 탄저균 및 관련 질병은 보건 당국이 발견하고 대처하는 데 일정 시간이 소요되기 때문에, 생물학무기를 이용한 테러리즘의 경우 당국자가 인지하기도 전에 전개될 수 있다는 점이 우려된다.

한편 소련이 붕괴한 데 따라 '느슨한 핵(Loose Nukes)' 문제가 야기됐는데, 이는 소련의 핵 전문가들이 국제적으로 흩어지는 이동 가능성과 함께 테러범들의 유인 표적이 될 수 있는 위험성을 지적한 것이다. 이는 앞으로 북한을 포함한 핵보유국에서 예기치 못한 사건이 발생해 핵 전문가들이 다른 곳으로 이동할 가능성과 더불어, 특히 테러집단에 의해 유인될 수 있다는 것을 가리킨다.

5. 국제범죄

국제범죄는 2개 이상의 국가가 연계된 마약 밀매·위폐·밀수·밀입국·해적·국제전화 금융사기 등 국가안보 및 국제질서에 해악을 끼치는 범죄를 의미하며 국제범죄조직은 이러한 국제범죄를 자행하는 조직을 말한다. 국제범죄 또한 지구촌을 어지럽히는 초국가적 위협으로서 탈냉전 이후 주요 안보 이슈가 되고 있다.

세계화·정보화에 따른 초국가적 특성으로 인해 범죄의 국제화가 가속화되면서 국제범죄는 국가안보를 위협하는 하나의 중요한 요소로 인식되고 있다. 그리고 국제범죄에 공동으로 대응하기 위해 2000년 11월 초국가적 범죄에 대한 유엔협약이 체결됐다.

1) 마약

마약은 적은 양으로도 강력한 진통 효과와 마취 효과를 내며 계속 사용하면 습관성과 탐닉성이 생기는 물질로서 코카인, 헤로인 등이 포함된다. 코카인은 주로 남미의 페루와 볼리비아 등에서 재배한 코카잎을 콜롬비아에서 정제한 것으로, 인접국인 베네수엘라·중미·카리브를 거쳐 미국과 유럽 등지로 이동된다. 헤로인은 황금의 삼각 지대(타이·미얀마·라오스), 황금의 초승달 지대(아프가니스탄·파키스탄·이란) 등 주로 남아시아에서 재배된다.

마약 문제는 국내 정책인 동시에 외교정책의 주요 이슈가 되는데, 남미의 안데안 국가(콜롬비아·페루·볼리비아·베네수엘라·에콰도르)에서 마약의 불법 재배를 근절하려는 미국의 입장과 마약 문제가 미국 내 소비에서 비롯된다는 안데안 국가의 입장이 대립하고 있다. 미국 마약단속국은 마약의 불법 재배 및 밀매에 대한 정보를 수집하거나 분석하며, 이를 위해 중남미 소재 미국 공관에 마약단속국 요원을 파견하여 파견국의 마약 관련 기관과 협력을 유지함으로써 밀매 선박 감시 및 밀매를 저지하는 공동작전을 전개하고 있다. 한편 테러 조직과 마약 조직의 연계가 우려를 낳고 있는데, 테러 조직은 마약 조직을 보호해주는 대신 이들로부터 자금을 확보하고 있다.

한편 마약 작물이 일반 농작물보다 수익성이 더 좋아서 지역 농부들에게 마약 대체 작물을 권유하는 데 어려움이 있다. 그리고 마약은 부피가 크지 않아 쉽게 선적할 수 있고, 군경의 부패와 연관이 있어 재배 및 밀매를 근절하기가 쉽지 않은 실정이다. 2011년 5월 페루에서 한 남성이 코카인이 담긴 캡슐 100개를 삼킨 뒤 공항으로 이동 중 뱃속의 캡슐이 터져 사망한 사건이 있었으며, 9월에는 아르헨티나에서 한 여성이 손가락보다 작은 20여 개의 고무 봉지에 코카인을 담아 삼킨 후 뉴질랜드 오클랜드로 밀반입하려다 몸속의 봉지가 터져 사망한 사건이 보도됐다. 이러한 마약 운반은 금전에 유혹된 빈곤층에 의해 이뤄진다.

2) 기타 국제범죄와 사례

위폐: 중국 후난(湖南) 성 공공안전부는 2010년 6월 사상 최대 규모인 2억 1,000만 위안(380억 원) 상당의 위조지폐를 제작해 유통시킨 조직을 적발하고 4명을 구속했다고 관영 영자지 ≪차이나데일리(China Daily)≫가 6월 11일 보도했다. 2005년에서 2010년 상반기까지 한국 시중에서 발견된 위조 외화는 모두 2,076건인데 이 중 77%는 미국 100달러인 것으로 나타났다. 미국 달러는 1달러나 100달러나 크기가 같아 위폐의 주 대상으로, 콜롬비아의 범죄 조직은 1달러 지폐를 화학약품으로 지운 후 100달러 위폐로 복사 위조하기도 했다.

밀수: 러시아 주재 북한 외교관인 강웅식이 2009년 11월 러시아 담배 23만 개비를 자동차에 숨긴 채 스톡홀름에 들어갔다가 밀수입 혐의로 스웨덴 당국에 체포됐다고 보도됐다. 한편 2011년 10월 20일 무아마르 카다피(Muammar Qaddafi)의 사망으로 리비아 내전은 일단락됐으나, 내전 기간 중 리비아가 보유했던 미사일 등 일부 무기가 밀반출된 것으로 알려졌다. 이에 미국은 알카에다의 미사일 획득 가능성과 이러한 미사일이 민간 항

공기 격추에 활용될 가능성을 우려하고 있다.

밀입국: 2009년 2월 7일 전라북도 군산항에 파키스탄 국적의 화물선 케르푸르호가 정박했다. 이 배에는 여권 미소지자인 파키스탄인 살림 모하마드(39세)와 셔 알람(37세)이 타고 있었다. 이들은 썰물로 바닷물이 얕아지자 육지로 잠입했고 2009년 4월부터 경상남도 창녕의 시멘트 블록 제조공장에서 일하다 2010년 3월 검거됐다. 조사 결과에 따르면 이들은 2007년 탈레반 교육을 받은 적도 있었다.

해적: 한국·미국·일본·유럽연합·중국·러시아·인도·브라질 등 세계 20여 개 국가가 해적의 선박 납치를 막기 위해 소말리아 해역에 해군을 파견하고 있다. 이와 관련해 2010년 4월 인도양에서 피랍된 한국의 삼호드림호가 217일 만인 11월에 석방됐고, 또 다른 삼호드림호가 2011년 1월 15일 아라비아 해에서 피랍되자 한국 해군(청해부대, 최영함)은 21일 아덴 만 여명작전을 통해 선원 21명을 전원 구출하고 소말리아 해적 8명을 사살, 5명은 생포했다. 피랍 당시 선박이 해안으로부터 1,500km 이상 떨어진 먼 바다에 있었던 만큼 항로를 모르면 납치가 불가능한 상황이었다는 점에서 제3의 세력이 배후 투자자로서 선박의 위치를 알려줬을 가능성이 제기됐다.

국제전화 금융사기: 일명 보이스피싱(Voice Phishing)이라고 하는데, 불법으로 수집한 개인 정보를 이용한 사기 범행이다. 한국에서는 2006년 6월부터 관련 범죄 통계가 집계되기 시작했다. 이때부터 2009년까지 발생 건수는 매월 평균 499건, 피해액은 매월 평균 49억 7,000만 원이나 된다. 범죄 행위지는 주로 중국과 타이완인 것으로 나타났으며, 초기에는 국세청 등 공공기관을 사칭해 세금을 환급해주겠다며 은행의 현금 입출금기로

유인해 피해자의 통장에서 돈을 빼 가는 수법이었다. 시간이 흐르면서 자녀가 납치됐다고 하거나 가족이 교통사고로 다쳤다고 하면서 송금을 요구하는가 하면 금융회사 직원이나 백화점 직원을 사칭한 후 개인 정보가 유출됐으니 거래 명세를 확인해야 한다며 신용카드 번호와 비밀번호를 요구해 돈을 가로채는 등 그 수법이 점점 지능화되고 있다. 국제전화 금융사기를 방지하기 위해서는 개인 정보가 유출되지 않도록 국내 제도를 개선해야 함은 물론 관련 국가의 수사 당국과 협력을 제도화해 나가야 할 것이다.

...13

한국에 대한 안보 위협과 대응

　한국의 안보를 위협하는 요인은 크게 전통적인 영역과 비전통적인 영역으로 구분된다. 전통적인 영역은 한반도가 남북한 군사적 대립 등 냉전 요소가 남아 있는 지역이라는 점에서 냉전 시대의 정치적·군사적 개념의 국가안보 측면에서 살펴본 영역을 의미한다. 이에 따라 한국에 대한 전통적인 안보 위협은 북한의 군사적 위협, 한반도 주변국의 군사력 증강에 따른 위협, 미국과의 동맹 약화로 인한 위협을 들 수 있다. 비전통적인 영역은 탈냉전 이후 비정치적·비군사적 개념의 테러리즘·경제·환경·국제범죄 등이 포함된 포괄적 안보 중심의 국제안보 측면에서 살펴본 영역을 의미한다.

1. 전통적 안보 위협

1) 북한의 군사적 위협

　북한의 대량살상무기 보유는 한국에게 심각한 군사적 위협으로 작용한다. 대량살상무기는 재래식무기에 대비되는 무기 체계로 핵·화학·생물학 무기를 말하며 여기에 대량살상무기의 운반 수단인 탄도미사일이 포함된다. 대량살상무기가 재래식무기와 구분되는 이유는 치명적인 살상력과 대량의 파괴력을 가지기 때문이다. 남북한이 재래식 군사력에서는 비슷한 수준으로 균형을 이뤄왔으나 북한이 핵무기를 보유하면서 군사력 균형에 균열이 생기고 있다. 북한이 핵무기를 미사일에 탑재할 수 있는 기술을 개발할 경우에는 한국에 더욱 심각한 위협이 될 것으로 전망된다.

　북한은 2003년 미국의 이라크 공격 이후 비대칭 전력 증강에 집중함으로써 핵·화학·생물학무기와 탄도미사일, 장사정포 등 대량 파괴가 가능한 무기는 물론 잠수정 등 기습, 게릴라전이 가능한 무기 증강에 주력해왔다. 이와 함께 북한 지상군의 70%가 휴전선을 중심으로 주둔하고 있다. 미국의 자유아시아방송(RFA)은 2010년 12월 30일 북한의 정찰총국과 해군사령부 소속 특수부대가 남포 앞바다 해상에서 벌이고 있는 합동상륙훈련의 목적이 서해 5도(백령도·대청도·소청도·연평도·우도)를 점령하는 것이라고 보도했다. 이는 북한이 기습 침투를 노린 훈련을 실시하고 있음을 보여준다.

　북한의 군사력에 대해 한국 국방부가 발표한 「2010 국방백서」에 의하면, 북한은 게릴라전 임무를 수행하기 위한 특수전 병력을 18만 명에서 20만 명으로 확대했고 저공 침투용 AN-2기를 이용해 후방 기습 침투를 노리고 있다. 또한 전방 군단에 특수전 부대인 경보병 사단을 편성하고 전방 사단에 경보병 여대를 추가로 편성했다. 한편 북한은 2,500~5,000톤

〈표 13-1〉 남북 군사력 비교(「2010 국방백서」)

구분	한국	북한
병력	65.3만여 명	119만여 명
육군	52만여 명	102만여 명
해군	6.8만여 명	6만여 명
공군	6.5만여 명	11만여 명
전차	2,400여 대	4,100여 대
장갑차	2,600여 대	2,100여 대
야포	5,200여 문	8,500여 문
다연장·방사포	200여 문	5,100여 문
전투함	120여 척	420여 척
상륙함	10여 척	260여 척
잠수함정	10여 척	70여 척
전투기	460여 대	820여 대
헬기	680여 대	300여 대
예비 병력	320만여 명	770만여 명 (교도대, 노농적위대, 붉은 청년근위대 포함)

의 화학무기를 전국에 분산 저장하고 탄저균, 천연두, 콜레라 같은 생물학무기를 자체적으로 배양 생산할 수 있는 능력을 갖추고 있는 것 외에도 사이버 전쟁 능력을 보유하고 있는 것으로 나타났다.

영국 국제전략문제연구소(IISS)는 2011년 3월 발간한 연례보고서 「2011 군사균형(Military Balance)」에서 한반도가 한국전쟁 이후 가장 위험한 상황을 맞고 있다고 밝혔다. 북한은 그간 2차례에 걸쳐 핵실험을 했고 핵폭탄 8개 정도를 만들 수 있는 플루토늄을 보유하고 있다. 그리고 전체 인구 2,400만 명 중 5%인 120만 명이 현역 군인이다. 이는 중국·미국·인도에 이은 세계 4위의 군사 인력이다. 또한 북한이 권력 승계 작업을 진행하는 가운데 2010년 3월 천안함 공격과 11월 연평도 포격 사건을 일으켰다고 분석했다.

2) 한반도 주변 국가의 군사력 증강에 따른 위협

동북아 지역의 군비 증강, 영토 분쟁, 안보대화협의체 부재 등은 이 지역 정세의 불안정 요인이다. 북한의 핵무기 등 대량살상무기와 미사일 개발은 남북한 간 군사력 균형을 깨뜨리고 이는 한국의 군비 증강을 자극하고 있다. 이와 함께 일본 영공을 통과한 북한의 미사일 발사 시험은 일본의 보수 세력에게 헌법 개정을 통해 군대 보유를 추진할 수 있는 명분이 되고 있다.

특히 중국의 군비 증강이 두드러지는데, 중국은 구소련의 항공모함을 사들여 개조한 데 이어 항공모함의 자체 개발을 추진 중이다. 또한 레이더 탐지를 피하기 위한 스텔스 전투기의 시험 비행(2011년 1월)에 이어 실전 배치도 계획 중이다. 이 외에도 스텔스 기능을 갖춘 고속정과 잠수함을 개발 중인 것으로 알려졌다. 이와 같은 중국의 군사력 증강은 앞으로 태평양 해상의 패권을 놓고 미국과 충돌하는 요인으로 작용할 수도 있음은 물론 동북아 질서를 불안하게 한다는 점에서 우려된다. 이에 추가되는 우려 사항은 북한 역시 중국으로부터 스텔스 전투기 획득을 추진해 나갈 것으로 보인다는 점이다.

학자들은 중국이 항공모함 건조에 열을 올리고 스텔스 무기 개발에 몰두할 때가 아니라고 지적한다. 국가의 균형 잡힌 발전을 위해 서부 내륙 개발 등을 적극 추진해야 할 중국이 천문학적인 비용이 요구되는 군사력 증강에 힘쓸 때가 아니라는 것이다.

동북아 지역의 군비 증강은 기본적으로 한반도 분단 및 영토 분쟁에 기인한다. 영토 분쟁으로는 중국과 타이완 간 갈등, 중국과 일본 간 댜오위다오 분쟁, 일본과 러시아 간 북방 4개도서 분쟁, 중국과 주변국 간 난사군도 분쟁이 있으며, 일본이 국제분쟁화를 도모하려는 독도 문제가 있다.

댜오위다오는 19세기 청일전쟁 때 일본 영토가 됐다가 제2차 세계대전후 미국에 넘어간 후 일본으로 반환됐다. 그러나 중국은 댜오위다오가 역사적으로 중국의 고유 영토이며 일본 제국주의 침략에 빼앗긴 것이라고 주장한다. 한편 분쟁 지역에 석유 부존 가능성이 알려지면서 분쟁이 더욱 심화되고 있다. 북방 4개도서(에토로후·쿠나시르·하보마이·시코탄)는 러시아와 일본의 1855년 국경협정으로 일본령이 됐다가 제2차 세계대전 이후 전승국인 소련이 점유하면서 분쟁이 시작됐다.

중국·타이완·베트남·말레이시아·필리핀·브루나이 6개국이 각각 난사군도(200여 개 소도 및 환초)를 점령 중인데, 인근 해역이 석유와 천연가스의 매장지인 데다 원자재의 국제 수송로인 관계로 전략적 가치가 높아 영유권 분쟁이 치열하다. 이와 같은 영토 분쟁은 관련 당사국들의 군비 증강을 유발하는 직접적인 요인이다. 한편 분쟁의 주요 당사자인 베트남과 필리핀이 미국과 인근 해역에서 각각 합동군사훈련을 실시함으로써 중국이 미국의 개입 가능성을 우려하고 있다.

한편 댜오위다오, 북방 4개도서, 독도 문제의 당사국인 일본에서는 이 중 북방 4개도서 영유권과 관련해서 시민단체의 활동이 활발한 반면, 댜오위다오와 독도 문제에 대해서는 그렇지 않다. 이는 댜오위다오와 독도가 제국주의적 침략 행위에 따른 것임을 일본의 시민단체들도 인정하고 있다는 것을 반증한다. 이 같은 동향은 한국이 영토 및 역사 문제에 대응해 나가는 데 비정부기구 차원의 국제 연대가 유용한 대안이 될 수 있음을 시사한다.

영토 분쟁은 국가 간 갈등을 심화시키고 상호 불신, 군사적 위협을 야기할 뿐 아니라 나아가 군비 증강과 군비 경쟁을 초래하면서 제한 전쟁으로까지 발전될 가능성을 포함하고 있다. 한편 북한체제가 붕괴될 정도로 북한 내부 정세가 위기 상황에 놓이게 될 경우 북한이 모험주의적 남침을 위해 군사 도발을 감행할 가능성도 상존한다. 이와 같이 동북아 지역은 한편으로는 국가 간 경제 교류와 협력이 증대하면서도 또 다른 한편으로는 영토 분쟁과 군비 경쟁이 지속됨으로써 지역의 불안정성이 심화되고 있는 상황이다.

3) 한미동맹 약화에 따른 위협

주한미군은 숫자는 적지만 막강한 화력의 공군력과 조기 경보 역량 및 제7함대 전력을 보유하고 있어 한반도 전쟁을 억제하는 데 크게 기여해왔다. 북한의 핵무기 보유로 남북 간 군사력 균형이 깨진다 할지라도 한미동맹에 따른 주한미군의 존재는 이를 상쇄할 수 있으며, 북한의 무력 도발 시 미국의 자동 군사개입을 유도하는 인계철선의 역할을 수행할 수 있다. 또한 주한미군은 한국의 안보 비용 절감과 함께 경제 번영 및 민주주의 확산에 중요한 역할을 수행해왔다. 만일 주한미군이 철수한다면 전력 공백을 보충하기 위해 막대한 예산이 소요될 것이다. 통일 이후에도 한국군의 전력만으로는 중국·러시아·일본을 상대할 수 없을 것으로 예상된다. 이 같은 한국 국가안보를 감안할 때 주한미군의 역할은 통일 이후에도 지속되는 것이 바람직하다는 견해도 있다.

한편 주한미군의 존재는 자주국방 훼손이라는 관점에서는 부정적으로 평가될 수 있다. 반면 대북 억지력 및 경제적 이익 제공의 관점에서는 긍정적으로 평가될 수 있다. 긍정적인 평가 측면에서 볼 때 한미동맹의 약화는 한국에 직접적으로는 군사안보적 위협으로 작용할 뿐만 아니라 경제안보적으로는 국가신용등급 하락은 물론 외국자본의 증시 이탈, 주가 하락, 외국인 투자 축소 등 부정적인 영향을 초래한다.

다음에서는 한미동맹 약화에 영향을 미칠 수 있는 문제인 주한미군지위협정, 주한미군 재배치와 한미동맹 관련 문제, 전시작전통제권 전환 문제에 대해 살펴보고 이에 대한 대응으로 한미동맹 강화와 한국의 국방 강화를 검토해보겠다.

(1) 주한미군지위협정

2000년 6월 남북한은 정상회담을 개최하고 공동선언문을 통해 남과 북은 통일 문제를 국가의 주인인 민족끼리 서로 힘을 합쳐 자주적으로 해결해 나가자는 데 합의했다. 그 이후 한국 정부는 대북 관계를 저해할 수 있다는 우려에서 한국전쟁 기념행사를 취소하고 한미군사훈련에 참여하는 미군 수를 축소하거나 훈련 자체를 취소하기도 했다. 미국은 이런 한국의 안보 정책을 우려했다. 2001년 1월 출범한 부시 행정부는 북한에 대한 강경 정책 추진 방침을 표명했으며 2002년에는 북한을 악의 축에 포함시켰다. 악의 축에 포함된 국가는 북한 외에 이라크·이란이 있었다.

이런 상황에서 2002년 6월 미군 장갑차 사고로 여중생이 사망했고 이를 계기로 반미 감정이 확대됐다. 더군다나 미군 법정이 사고를 낸 미군에게 무죄를 선고함으로써 한국 국민의 감정을 자극했다. 이에 한국 국민은 촛불 시위를 통해 분노를 표출하고 1967년 체결된 주한미군지위협정(SOFA)의 개정을 요구하면서 반미 시위를 전개했다.

주한미군지위협정은 주한미군, 군속 및 그 가족이 한국 국내법의 적용을 받지 않도록 규정하고 있다. 이에 따라 미군 법정이 재판권을 관할함으로써 여중생 사망 사건을 미군 공무 수행 중 발생한 사고로 간주하여 무죄를 선고한 것이다. 미국은 미군이 주둔하고 있는 국가와 미군지위협정을 체결하고 있으며 그 내용은 국가마다 상이하다. 주한미군지위협정은 그간 2차례(1991, 2001년) 개정에도 불구하고 다른 국가의 미군지위협정에 비해 미국에 유리한 불평등 협정으로 여겨지고 있다. 2001년 개정에서 죄질이 나쁜 일부 범죄에 대해 한국 측의 구속 수사와 기소가 보장되기는 했지만, 이런 범죄 구분 규정의 삭제 개정을 통해 한국 사법부와 수사 당국이 모든 범죄에 독자적으로 영장 청구, 구속 수사 및 기소를 처리할 수 있도록 하자는 요구는 지속될 것이다. 이런 점에 입각해 주한미군지위협정 개정을 추진해 나가되 이로써 한미동맹에 악영향을 미치지 않도록 신중하면서도 의연한 태도가 필요할 것이다. 한편 주한미군의 고엽제 매립 문제가 2011년 5월 제기됐지만 주한미군지위협정 규정에 따라 한국 측 조사 권한이 보장되어 있지 않은 것에 대해 시민들의 불만이 다시 표출됐다.

(2) 주한미군 재배치와 한미동맹 논의

주한미군의 철군, 감축, 이동 등 재배치는 군사전략 변화에 따른 미국의 필요에 의해 결정되는 것이지만, 이에 반미 감정으로 대응하는 일부 세력도 있는 만큼 주한미군 재배치 문제는 한미동맹에 영향을 줄 수 있는 사안이다. 특히 북한은 외세 배격, 자주라는 허울 좋은 구호 아래 주한미군의 철수를 주장하고 이를 국제적으로 왜곡 선전하면서 주한미군 문제를 국제사회에서 이슈화하려고 노력해왔다. 이와 관련해 주한미군 재배치 문제를 역사적 전개 과정에 따라 살펴보고자 한다.

소련은 1945년 8월 24일 38선 이북을 모두 점령했다. 이에 미국은 소련이 한반도 전체를 점령할지도 모른다는 불안감 때문에 한국에 3만 명의 미군을 파견했고 이로써 주한미군의 역사가 시작됐다. 주한미군은 당시 일본군 무장해제, 남한 내 질서유지, 소련 봉쇄 역할을 수행했다. 그 이후 소련군은 1948년 9월, 미군은 1949년 6월 각각 철수한 가운데 1950년 1월 한반도를 미국의 방위선에서 제외한다는 애치슨선언(Acheson line)이 발표됐다. 북한은 이 선언에 고무되어 6월 25일 남침을 감행했고 미국은 유엔 결의에 따라 30만여 명의 미군을 한국에 파병했다. 이 같은 미국의 대응은 공산주의 봉쇄정책 추진에 따른 것이었다.

급박한 전황에서 한국군에 대한 작전통제권이 7월 유엔군사령관에 이양되고 주한미군지위협정의 모체인 '주한미군의 형사재판권에 관한 대한민국과 미국 간 협정(대전협정)'이 체결됐다. 이후 1953년 7월 27일 휴전협정이 조인된 가운데 10월 1일 한미상호방위조약이 체결됨으로써 한미군사동맹이 맺어졌으며 한반도 내 미군 주둔이 제도적으로 보장됐다. 주한미군은 한반도에서 전쟁 억제 기능을 담당하는데, 휴전선 전방에 배치된 주한미군은 유사시 자동 개입을 의미하는 인계철선 역할을 하게 됐다. 한편 휴전에 따라 주한미군은 7만 명 정도만 남고 철수했다.

그 후 미국의 데탕트 정책으로 주한미군은 1970~1971년 4만 명 수준으로 감축 유지되다가 카터 행정부(1977년 1월~1981년 1월) 때 추가로 감축되어 3만 7,000명 수준을 유지했다. 반면 힘의 외교를 추진한 레이건 행정부(1981년 1월~1989년 1월) 때는 카터 행정부가 추진한 주한미군의 추가 감축안이 백지화됐으며, 1987년 북한의 KAL기 폭파 사건으로 도리어 증원되어 4만 6,000명에 이르게 됐다. 한편 1988년 5월 개최된 한미연례안보협의회(SCM)에서 미국은 미군 주둔 비용 문제를 본격적으로 제기하면서 한국에 방위비 분담 증액을 요구하기 시작했다. 또한 냉전 기간 중 주일미군 및 주독미군 철수는 논의되지 않았음에도 주한미군은 병력 감축이 지속적으로 논의됐다.

냉전이 종식되자 미국은 전반적으로 해외 주둔군의 감축을 추진하며 비용 분담을 요구해왔다. 그리고 책임을 분담한다는 차원에서 군사정전위원회 수석대표에 한국군 장성이 임명됐고 한국군에 평시작전통제권이 환수됐다. 또 주한미군이 감축되어 3만 7,000명 수준으로 유지됐다. 이후 미국은 2001년 9·11 테러를 계기로 한곳에 머무르는 주둔군 대신 신속하게 이동하여 위협 사건에 대응하는 데 초점을 맞춘 이동군 개념의 해외 주둔군 재배치를 적극 추진했다. 이는 냉전 시 소련과 같이 고정된 위협에 기초한 군사전략에서 벗어나 어디에서 누군가 가할지 모르는 불투명하고 다층적인 위협에 대응하기 위한 것이었다. 또한 재배치 추진은 군사 혁신을 바탕으로 미국의 장거리 수송 능력이 제고되어 테러 등 유사시에 신속하게 대응할 수 있게 된 데 따른 것으로 미국의 국방예산 절감 정책과도 부합됐다.

2002년 6월 미군 장갑차에 의한 여중생 사망 사건은 12월로 예정된 한국 대통령 선거와 맞물려 반미 기류를 형성했으며, 여론은 주한미군지위협정 개정 및 주한미군의 기지 이전을 강하게 요구하는 방향으로 흘렀다. 12월 개최된 제34차 한미연례안보협의회에서 양국의 국방장관은 주한미군 재배치를 포함한 한미동맹 관련 문제를 논의해 나가기로 했으며, 이에 따라 2003년 4월부터 미래한미동맹정책구상회의가 지속 개최됐다. 그리고 주한미군의 용산기지를 포함한 한강 이북의 미군 기지가 평택으로 통합 이전된다는 계획이 발표됐다. 그러나 사회 일각에서 안보를 우려하는 여론이 제기된 가운데 7월 주한미군사령관은 용산기지의 미군 일부가 남아 유엔사령부와 한미연합사령부에서 근무하고 판문점공동경비구역(JSA)에도 미군 일부가 남게 될 것이라고 밝혔다.

2004년 10월 한국과 미국은 주한미군 1만 2,500명 감축에 합의했다가 2008년 4월 워싱턴에서 개최된 한미정상회담에서 주한미군을 2만 8,000명 선으로 유지하는 데 합의하고 평택 이전은 2016년을 목표로 추진해 나가기로 했다.

(3) 전시작전통제권 전환 문제

1950년 7월 이승만 대통령은 더글러스 맥아더(Douglas MacArthur) 유엔군사령관에게 보낸 공한을 통해 한국군의 작전통제권을 유엔사령부에 이양했다. 평시작전통제권이 1994년 12월 한국군에 환수된 데 이어 2007년

2월 한국과 미국 국방장관은 2012년 4월 전시작전통제권(이하 전작권)의 한국군 이양에 합의했다. 이후 전작권의 전환 문제를 둘러싼 안보 논쟁이 지속됐는데, 전작권 전환을 찬성하는 측은 국가주권과 자주성 회복의 당위성을 내세웠고 반대하는 측은 전환에 따른 실익이 적은 반면, 국방비 증액 등으로 한국이 지불해야 할 대가가 더 크다고 주장했다. 결국 한국 사회의 안보 우려 여론을 감안해 2010년 6월 양국 정상은 전작권의 전환 시기를 2015년 12월로 연기하는 데 합의했다.

(4) 대응: 한미동맹 강화와 한국의 국방 강화

① 한미동맹 강화

한미동맹 강화와 관련해 가장 중요한 것은 동맹국으로서 한국과 미국의 신뢰 구축이다. 양국 신뢰를 기반으로 공조를 강화해 나갈 때 북한의 군사 위협을 포함한 모든 안보 위협에 효율적으로 대처할 수 있는 것이다. 주한미군 재배치 문제에서는 주한미군의 안정적 주둔을 보장해야 한다. 한반도 주변의 강대국과 이들과의 역사적 관계를 감안해볼 때 통일 이후에도 주한미군이 필요할 수 있기 때문이다. 이와 함께 주한미군의 후방 이동으로 발생할 수도 있는 대북 억지력의 약화 가능성에 대한 보강 방안이 면밀하게 검토 강구되어야 한다.

전작권 전환 문제와 관련해서는 전작권이 환수된 이후에도 이로 인해 안보 공백이 발생하지 않도록 후속 조치가 뒤따라야 한다. 한편 유엔사령부 재편 문제에서는 유사시 한국을 지원하는 기능이 발휘되도록 해야 하는데, 즉 북한의 도발을 억지하는 데 도움이 되는 방향으로 검토가 이뤄져야 한다. 유엔사령부의 기능은 정전을 감시하는 것이다. 유엔사령부가 6·25전쟁 정전으로 유엔군이 철수함으로써 이름만 남아 있는 기구라 하더라도 유사시에는 새로운 유엔의 결의 없이도 군사 지원을 보장받을 수 있는 근거가 되기 때문이다. 현재 한국 사회 일각에서는 남북 간 평화협정 문제가 거론되면서 유엔사령부를 해체하자는 주장도 나오고 있지만, 유사시 한국의 안보를 감안한다면 좀 더 신중하게 접근할 필요가 있다. 일부 학자는 유엔사령부가 해체된다고 하더라도 한반도 평화와 안전에 관한 유엔의 특별 관심이 지속된다는 내용의 안보리결의안 채택을 보완책으로 검토할 필요가 있다고 주장한다. 아무튼 북한과의 신뢰가 구축되지 않고 북한의 군사적 위협이 지속되는 한 한국의 안보를 보장할 모든 방안이 강구되어야 할 필요성이 있는 것이다.

전작권 전환 추진 등 책임 분담에 맞춰 미국은 방위비 분담 등 비용 분담을 지속적으로 요구해오고 있는데, 장기적으로는 미국이 주장하는 50 대 50 원칙을 검토하는 등 한국의 책임 및 비용 분담을 늘려 나갈 필요도 있다. 이것은 주한미군지위협정 개정 등과 관련해 미국에게 보다 평등한 관계를 요구하기 위해서도 필요한 것이다. 무엇보다도 중요한 것은 북한의 군사적 위협과 한미동맹 관계 등 한국의 안보 문제를 올바로 인식하는 것이다.

② 한국의 국방 강화

현재 국방 개혁을 추진 중인 한국 국방부는 천안함 공격 이전인 2005년 9월 '국방개혁 2020'을 발표했다. 국방개혁 2020은 미래 선진정예 국방을 위한 장기적인 국방 개혁 계획으로, 국제질서가 미국 주도하에 유지되고 국제적으로 전면전 가능성은 낮아졌지만 국지적 분쟁이 지속되고 초국가적 위협이 증대된다는 전제하에 한미동맹의 미래 지향적 발전과 한국군의 역할 확대를 위해 2020년까지 국방 개혁 목표를 추진한다는 것이다. 50만 명의 정예군과 150만 명의 예비군, 정보와 감시 및 지휘 통제력 강화, 기동정밀타격 능력 향상, 합동참모부 중심의 작전수행체제 구축 등 지휘 부대의 구조 개혁과 합동전장관리 능력 강화 등을 주요 골자로 한다.

국방부는 천안함 공격을 계기로 국방개혁 2020을 보완하기 위한 새로운 개혁안을 준비 중이다. 이 개혁안은 합동성 강화, 적극적 억제력 확보, 효율성 극대화 등을 기본으로 하면서 육해공군의 합동작전 능력 부족 개선, 북한의 위협(특수전 부대 증강, 핵과 미사일 비대칭 위협, 북방한계선을 둘러싼 도발, 사이버 위협) 억제, 무인정찰기 도입으로 감시 및 정찰 능력 향상, 스텔스 기능을 가진 차세대 전투기 사업 추진, 북한군의 전자기 펄스 폭탄으로부터 주요 지휘통제시설 방호 계획 등을 포함하고 있다.

2. 비전통적 안보 위협

1) 경제·자원

전통적으로 하위 정치(Low Politics) 수준에 머물러 있던 경제문제는 탈냉전 이후 고위 정치(High Politics)에 버금가는 이슈로 부각됐다. 군사력 증강도 경제력이 뒷받침되어야 가능한 것으로, 소련의 붕괴 요인 중 하나가 국내 경제문제였다는 사실은 경제의 중요성을 잘 설명해준다. 경제안보의 영역에는 금융, 수출시장 확보, 자원 확보, 기술혁신, 고용 문제 등이 포함되며 이와 관련해 한국은 1997년 IMF 금융위기를 경험했다.

특히 에너지 자원이 절대적으로 부족한 한국은 1차 세계유류파동(1973~1974년)에 이어 2차 세계유류파동(1978~1980년)을 경험했다. 당시 국제 유가의 급상승으로 한국을 포함한 모든 석유 수입국이 경제위기를 겪었다. 자원 수입국인 한국에게 자원 수급은 국가적 생존과도 밀접하게 연계되어 있는바, 석유 등의 전략자원 확보는 자원안보의 중요 요소라고 말할 수 있다. 예를 들어 1990년 이라크가 쿠웨이트를 침공한 것은 쿠웨이트의 유전을 확보하고자 했기 때문이다. 미국은 이에 즉각 대응했는데, 중동 지역의 석유자원 수급에 차질이 생길 경우 미국 및 세계경제에 미칠 악영향을 고려했기 때문이다.

2) 환경보건

1993년 러시아의 동해 핵폐기물 투기, 오염 물질이 포함된 중국발 황사, 2009~2010년 신종플루, 2010~2011년 구제역 확산, 2011년 3월 동일본 대지진에 따른 원전 사태는 우리가 잘 알고 있는 환경 이슈이다. 이 문제들은 환경뿐만 아니라 건강 문제와도 직결되어 있다. 따라서 안보 측면에서 환경보건 이슈라고 할 수 있다.

예를 들어 동일본 대지진 발생 시 방사능 유출에 따른 대기오염과 오염수 방출에 따른 해수 오염 수치가 한국에서도 매일 조사 발표됐다. 우천 시 국내 일부 학교는 방사능비를 우려해 휴교하는가 하면 슈퍼마켓은 식단에 오르는 채소 및 수산물의 방사능 오염 수치를 직접 측정해서 판매하기도 했다. 또한 구제역으로 죽거나 살처분한 가축 매몰지에서의 침출수 유출 또한 국민 건강을 위협하는 요인으로 뉴스에 오르내렸다. 신종플루는 발생한 지 1주일도 안 되어 한국에 상륙했으며, 에이즈와 사스 같은 질병 역시 지구촌 국제안보를 위협하고 있다.

3) 테러리즘

테러리즘과 관련한 과거 한국의 주요 관심사는 북한의 도발에 어떻게 대응할 것인가였다. 1968년 1월 무장공비의 청와대 기습 기도, 10월 울진 무장공비 침투, 1974년 8월 박정희 대통령 저격 사건, 1983년 10월 미얀마 아웅산 테러, 1987년 11월 KAL기 폭파 등은 북한 도발의 대표적 사건이다.

1988년 서울올림픽 개최를 계기로 한국은 국제 테러리즘에 큰 관심을 가지기 시작했으며, 특히 9·11 테러 이후에 한국 국민은 이슬람 극단주의 테러단체의 공격 대상이 되기도 했다. 2004년 이라크에서 있었던 김선일 씨 피살, 2007년 아프가니스탄에서 발생한 탈레반의 한국인 피랍 살해, 2009년 예멘에서 일어난 한국 관광객 피살이 그 예이다.

한국은 1988년 서울올림픽 개최를 앞두고 대통령 훈령 47호인 국가대테러활동지침을 제정하여 테러 대응 시스템을 구축했으나 대통령 훈령은 법률적 근거가 없는 직무상 명령에 불과해 강제력을 발동하는 구속력이 미약하다. 그리하여 효과적으로 테러에 대응하고자 테러 방지 법률의 제정 문제가 국회에서 논의됐으나 정치권의 이해 차이로 진전이 없는 상황이다. 미국의 경우는 2001년 9·11 테러 직후 「테러방지법」(「애국법」)이 제정되어 정부 조직, 처벌, 자금통제, 수사권이 강화됐다.

사이버 테러 발생 사례를 살펴보면 2003년 1월 인터넷 대란, 2009년 7월 디도스 공격, 2011년 4월 농협 전산망 마비 사태가 있다. 한국은 대통령 훈령 124호(2004년 7월)에 의거하여 사이버 테러를 국가 위기관리 대상에 포함시켜 국가안보 차원에서 다루고 있다.

4) 기타

마약·해적 등 국제범죄 확산, 중국 어선의 불법 어로활동, 다수의 탈북자 입국 또한 한국의 안보를 위협하는 이슈이다. 해적 문제에 대해서는 제12장에서도 다뤘는데, 한국 선박이 소말리아 해역에서 해적의 표적이 되고 있으며 한국은 다른 국가들과 함께 해군 함정을 파견하여 공동으로 대응하고 있다.

한국의 현행 「국가정보원법」은 국제범죄조직을 대공, 대정부 전복, 방첩, 대테러와 함께 국내보안정보의 한 분야로 명기하여 국제범죄조직에 대한 정보를 수집·작성·배포할 수 있도록 규정하고 있다.

3. 위협에 대한 대응

한국에 대한 전통적 위협 중에서 북한의 군사 위협을 포함한 3가지 이슈에 대해 그리고 테러 등 비전통적 위협에 대해 살펴봤다. 한국의 국가안보 목표 우선순위를 감안해볼 때 첫 번째, 북한의 군사 위협이 단연 최우선순위를 차지하고 있음을 알 수 있다. 이것은 천안함 공격과 연평도 포격 등 일련의 북한 도발을 통해 잘 알 수 있다.

두 번째, 한미동맹 약화에 따른 안보 위협이 그다음 우선순위라고 볼 수 있다. 한미동맹은 한국의 국가안보와 직결되는 사안으로 한미동맹이 약화되면 북한에 대한 억지력이 약화되고 북한의 군사 위협과 한반도 전쟁 가능성이 증가함은 물론 국가신용등급이 하락하는 등 경제적으로도 파급 영향이 심각하다. 그간의 역사적인 경험이 이에 대한 증거가 될 것이다.

세 번째, 한반도 주변국의 군비 증강과 영토 분쟁은 전통적 위협 중 마지막 요소이고 그다음으로는 비전통적 위협의 이슈[경제·자원, 환경보건, 테러(사이버 테러 포함) 등]를 꼽을 수 있는데, 이들의 우선순위는 상황에 따라 달라질 것이다.

미국의 경우 냉전 시대에는 전통적 안보 이슈에 해당하는 소련 공산주의 확산 차단이 국가안보의 최대 목표였다. 그러나 탈냉전 이후 소련이 붕괴된 가운데, 특히 9·11 테러 이후에는 비전통적 안보 이슈에 해당하는 테러리즘 차단이 최대 목표가 됐다. 한국과 미국의 경우를 비교해볼 때 한국은 탈냉전 이후에도 전통적인 안보 이슈인 군사·정치·외교 문제가 안보 목표의 최우선순위를 차지하고 있음을 알 수 있다. 즉, 한반도에서는 냉전이 종식됐음에도 국가안보 패러다임의 현실주의 사조가 우세한 것이다.

이상의 내용을 감안해볼 때 글로벌 시대에 한국의 국가이익에 가장 부합하는 안보 전략은 분단 상태에서 비롯되는 안보 위협이 해소되기 전까지 현실주의적 국가안보 패러다임을 중시하고 자유주의적 국제안보 패러다임을 적절하게 반영해 나가는 것이라고 생각된다.

... 14

국제안보환경 전망과 한국의 과제

　제13장에 이르기까지 국제안보에 대한 주요 현황과 이슈를 살펴봤다. 이번 장은 이 책의 결론 부분으로 향후 국제안보환경을 전망하고 한국의 과제를 검토하는 자리가 될 것이다. 세계화, 정보화, 국제 테러리즘 확산이 21세기 국제안보질서의 특징이며, 현재 미국이 패권을 행사하고 있는 가운데 앞으로 큰 변수가 없는 한 이 같은 정세가 지속 유지될 것으로 보인다. 그리하여 이번 장에서 전망해볼 국제안보환경은 미국이 패권을 유지할 것이라는 전제하에 이뤄진다.

　국제안보환경 전망과 관련해 미국 국가정보위원회가 작성한 2025년 예측 보고서의 주요 내용을 검토함으로써 패권국 미국이 향후 안보 정세를 어떻게 예상하는지 알아본다. 이와 함께 추후 미국이 패권 전략을 어떻게 구사해 나갈지를 조망해보고 미국의 정치학자 브레진스키가 『거대한 체스판』을 통해 제시한 21세기 미국의 세계 전략을 살펴볼 것이다.

1. 국제안보환경 전망

1) 미국의 패권 유지 전망

현재 미국은 군사 혁신을 바탕으로 세계 최강의 군사력을 유지하고 있다. 경제적으로는 2010년 미국의 국민총생산이 14조 6,200만 달러로 선두를 달리고 있지만, 중국이 5조 7,450만 달러를 기록함으로써 일본을 제치고 2위에 올라섰다. 유럽연합의 경우 모든 회원국의 국민총생산을 더하면 미국의 국민총생산에 이른다. 이를 감안할 때 미국과 다른 국가 간 국민총생산 격차는 점점 감소하고 있으며, 이에 따라 미국의 경제력이 상대적으로 쇠퇴 중이라고 볼 수도 있다. 그러나 세력전이이론에 비춰 볼 때 미국 국력의 80%에 이르는 국가는 아직 존재하지 않는다. 따라서 현재 미국이 패권국일 뿐 아니라 앞으로도 상당 기간 패권을 유지할 것으로 전망된다.

물론 중국이 머지않은 장래에 미국의 국민총생산을 따라 잡고 미국의 패권에 도전할 수도 있다. 그러나 21세기 국력을 평가하는 중요 요소인 과학기술, 금융 동원력, 정보화는 중국이 미국을 쉽게 능가할 수 없는 요소이다. 또한 중국이 군사 혁신을 기반으로 한 미국의 해공군 군사작전 능력과 기동력에 필적하기는 쉽지 않다. 이와 함께 중국의 폐쇄적인 사회주의체제가 한계로 작용할 뿐만 아니라 미국과 협력 관계를 유지하고 있는 서방권이 미국에 의한 국제질서에 만족하고 이를 지지하는 한 중국이 미국 패권에 도전하기는 어려울 것으로 전망된다.

2) 중국과 아시아의 부상

중국은 국제사회의 명실상부한 G-2로서 그에 상응하는 영향력을 행사할 것으로 전망된다. 이런 가운데 중국이 이처럼 증강된 국력을 어떻게 행사해 나갈지에 전 세계의 관심이 집중되고 있다. 현재 중국은 내륙 개발 등 경제 발전에 주력해야 하는 입장이기 때문에 당분간 미국과 정면으로 충돌하기보다는 미국의 패권을 견제하기 위해 러시아와 전략적 협력을 선택하고 인도를 포함한 브릭스 국가와의 협력을 강화해 나갈 것이다.

한편 중국과 인도가 신흥강국으로 부상하고 있는 가운데 일본과 한국도 포함되어 있는 아시아가 21세기의 핵심 지역으로 떠오르고 있다. 앞으로 국제사회에서 아시아의 정치경제적 입김은 더욱 거세질 것이며 미국·유럽과 함께 3등분된 힘을 행사할 것으로 전망된다. 그리하여 미국에게는 아시아를 포함한 유라시아 대륙을 어떻게 잘 관리해 나가느냐가 주요 과제가 될 것이다.

3) 국제 정세의 불안 요인

무엇보다도 현존하는 국제질서를 변화시키려는 도전국가의 등장이 국제 정세의 가장 큰 불안 요인이 될 것이다. 즉, 미국 패권을 중심으로 하는 현 국제질서에 도전하는 국가가 나타날 때 국제 정세가 불안해진다는 것이다. 앞서 미국 패권에 대한 중국의 도전 가능성을 살펴봤는데 이번에는 다른 불안 요인을 지적해보려 한다.

국제 정세의 다른 불안 요인은 중동 분쟁과 테러리즘이다. 중동 분쟁은 근본적으로 이스라엘-팔레스타인 문제가 풀리지 않는 한 해결이 요원할 것으로 여겨진다. 중동 분쟁은 종교적·인종적·역사적 갈등과 대립에서 비롯된 것으로 해결 방안을 모색하기가 쉽지 않은 상황이다. 이와 관련해 이슬람 극단주의 세력에 의한 테러리즘 역시 계속될 것으로 전망되며, 테러단체가 대량살상무기를 보유할 가능성이 우려를 낳고 있다.

한편 2011년 7월 22일 노르웨이에서는 중도좌파인 노동당 정부의 이민 정책에 반대하는 극우 민족주의자가 계획적인 테러를 저질러 70여 명이 목숨을 잃었다. 범인은 다문화주의와 이슬람 이민자에 대해 부정적 시각을 가지고 있었던 것으로 알려져 충격을 주었다. 이 사건은 노벨평화상 시상을 주관하는 국가로서 평화 애호국의 상징인 노르웨이에서 발생했는데, 테러리즘에는 안전지대가 없음을 보여줬다. 장소와 때를 불문하고 일어나는 테러리즘은 지구촌 안보를 위협하는 심각한 불안 요인이다.

한편 냉전 잔재 지역인 한반도에서는 북한의 핵문제 해결이 관심의 초점이 되겠지만 북한이 체제 수호 차원에서 핵프로그램을 쉽게 포기하지 않을 것이기 때문에 이에 따른 한반도 긴장이 또 다른 국제 정세의 불안 요인으로 작용하리라 전망된다.

2. 미국 국가정보위원회의 2025년 예측 보고서

미국 국가정보위원회는 9·11 테러를 계기로 미국의 16개 정보기관을 총괄하고자 신설된 국가정보장의 자문기관이다. 미국 국가정보위원회는 2010년 예측 보고서(1997년 작성)를 필두로 5년마다 보고서를 작성하여 대통령과 의회에 제출해오고 있는데 그간 2010, 2015, 2020, 2025년분을 작성했다. 미국 최고의 분석기관으로서 권위를 자랑하는 국가정보위원회는 중앙정보국에서 근무한 지역별·분야별 베테랑인 14명의 국가정보관(NIO)으로 구성된다. 그러므로 미국 국가정보위원회가 15년 정도를 앞두고 예측한 보고서를 살펴보는 것은 큰 의미가 있다고 할 수 있다.

그동안 4차례에 걸쳐 작성된 예측 보고서의 공통점은 미국이 유일 초강대국의 지위를 유지하는 가운데 중국과 인도가 신흥강국으로 부상할 것이라는 점이다. 이와 함께 세계화·정보화가 심화되면서 국가 간에 자원 확보를 위한 경쟁이 치열해질 것이며, 테러리스트들의 대량살상무기 획득이 우려 사항으로 지적되고 있다. 이와 관련해 신흥강국으로 부상한 중국·인도와 전략적 협력 관계를 강화해 나가야 한다고 주장하는 한편, 테러리즘과 대량살상무기의 차단이 미국 국가안보의 중심 이슈가 될 것임을 강조하고 있다.

2025년 예측 보고서의 개요에 따르면 글로벌 정치경제에서는 부와 경제력이 서양에서 동양으로 이동할 것이며, 특히 중국이 포함된 브릭스가 부상할 것이라고 한다. 중국은 제2의 경제대국으로서 높은 수준의 군사강국은 물론 천연자원의 최대 수입국이 될 것이고, 인도는 빠른 경제성장을 이루고 다극적 체제의 한 축으로서 정치적 영향력을 행사할 것이라고 예측한다. 러시아는 인적자원에 투자하고 세계시장에 통합된다면 2025년경 부국으로 변모할 것이나, 자원에 의존하는 국가이기 때문에 부국으로의 변모 여부가 국제 유가에 달려 있다고 지적한다. 한편 인도네시아·이란·터키 등의 정치경제력이 증가할 것이라고 전망한다.

유럽과 일본은 국민 1인당 소득 면에서는 중국과 인도를 능가하겠지만 가용 노동인구의 감소로 건실한 경제성장률을 유지하는 데 어려움을 겪을 것이라고 예측한 반면, 미국은 인구 고령화 문제에서 자유로울 것이라고 전망한다. 그 이유는 이민자의 증가와 높은 출산율 때문이다.

또한 자원 문제가 주요 이슈로서 부각될 것으로 전망하는데, 에너지와 식량 그리고 수자원 등 전략자원을 확보하려는 노력이 가중되면서 석유에 의존하는 체제에서 벗어나 에너지체제의 대체 자원화가 전개될 것이라고 예측한다. 그리고 기후변화로 자원이 부족해질 것임을 강조하는 한편, 최악의 경우 에너지 자원을 확보하기 위한 국가 간 전쟁이 벌어질 수도 있음을 경고하고 있다.

한편 중동 지역의 경제성장이 계속되고 청년 실업이 완화된다면 테러 시도가 감소될 것이나 고용 기회가 늘지 않고 정치적 의사를 표시할 수 있는 합법적 수단이 없으면 테러 조직에 가담하는 청년이 증가할 수도 있으며, 과학기술의 보급에 따라 테러 조직이 대량 살상을 위해 핵무기나 생물학무기를 취득할 가능성이 우려된다고 지적한다. 이와 함께 북한과 같은 정권 교체 또는 붕괴 가능성이 있는 핵보유국이 핵무기를 통제할 수 있을지에 대한 의구심이 지속될 것이라고 전망한다. 또 사이버 테러가 증가할 것으로 예측한다.

2025년에도 미국은 가장 강력한 국가로 남아 있을 것이며, 특히 군사 부문에서 상당한 우위를 지속적으로 누릴 것이라고 예측한다. 하지만 이를 위해서는 우방국의 지원이 반드시 필요하고 중국 등 신흥강국의 입장과 태도가 미국의 정책 결정에 변수가 될 것이라고 지적한다.

중국과 러시아가 민주국가가 될지는 확실치 않지만 러시아 내 정치적 다원주의는 어려울 것이라고 전망한다. 한편 글로벌 거버넌스를 위해서는 신흥강국을 비롯한 열강들이 국제사회에서 리더십을 발휘해야 할 것이라고 지적한다. 또한 중동의 핵무기 경쟁이 불안 요소로 남아 있을 것이라고 예측한다.

3. 미국의 21세기 패권 전략 전망

이 절에서는 미국이 패권을 유지하기 위해 어떻게 전략을 구사해 나갈 것인지를 검토해보려 한다. 한편 이와 별도로 폴란드 출신의 미국 석학이자 카터 행정부 시절 국가안보좌관을 역임한 바 있는 브레진스키가 제시한 21세기 미국의 세계전략을 살펴볼 것이다.

1) 미국의 전략

미국은 군사 혁신을 바탕으로 압도적인 군사력 우위를 점하고 있는 가운데 강대국들과의 협력을 통해 국제질서를 안정적으로 유지해 나가고자 노력을 기울일 것이다. 여기에는 무엇보다도 일본과 영국 및 서방 우방국들의 협력이 필요할 것이다. 이와 함께 중국을 G-2로 인정하고 중국과 전략적인 파트너십을 유지해 나가기 위해 노력할 것이다. 미국의 제1의 국가안보 목표인 테러와 대량살상무기 확산 방지 정책을 효과적으로 수행하기 위해서는 무엇보다도 중국의 협력이 긴요하기 때문이다.

이와 함께 미국은 중국에 대한 견제 카드로 일본과의 동맹을 강화해 나갈 것이며 또한 인도 및 러시아를 활용할 것이다. 국제 정세의 불안정 요인에 대응하고 국제안보를 확보하기 위해서는 강대국과의 협력이 긴요하며 이를 위해 다자간 안보 협력을 적극 추진해갈 것으로 전망된다.

2) 브레진스키의 21세기 미국의 세계 전략

브레진스키는 『거대한 체스판』을 통해 21세기 미국의 세계 전략을 제시했다. 미국이 1등 지위와 패권을 유지하기 위해서는 역사적으로 세계 권력의 중심에 위치해온 유라시아를 어떻게 관리·경영하느냐가 가장 중요하다는 것이다. 즉, 유라시아 대륙은 미국이 세계 패권을 놓고 게임을 벌여야 할 거대한 체스판이라는 것이다.

그는 미국이 역사상 최초로 진정한 의미의 세계강국이 됐다고 강조한다. 즉, 군사적으로 전 세계의 해양과 바다를 지배함으로써 유라시아 대륙의 동단과 서단에 확고한 발판을 마련했음은 물론 페르시아 만에 대한 통제력을 확보하고 있고, 경제적으로도 세계 성장의 기관차로서 역할을 하고 있으며 비록 독일과 일본으로부터 경제적 도전을 받고 있으나 이들 국가는 이 외에는 장점을 갖추지 못했다고 강조한다. 또한 기술적으로는 첨단 분야의 기술혁신에서 압도적인 주도권을 보유하고 있고, 문화적으로도 전 세계 젊은이들에게 거대한 자석과 같은 힘을 행사하며 경쟁 상대가 없는 호소력을 발휘하고 있다고 말한다. 특히 미국의 대중음악은 세계시장의 3/4을 차지하며 영어는 세계적인 언어가 됐고, 외국 학생들이 선진 교육을 위해 미국으로 몰려들고 있다고 강조한다.

그리고 유라시아에 세계 인구의 75%가 거주하고 세계 에너지 자원의 약 3/4이 매장되어 있으며 미국의 1등 지위, 패권에 대항할 잠재적 도전자는 모두 유라시아에 있다고 지적한다. 이때 체스판 게임 참가자로서 프랑스·독일·러시아·중국·인도를 지목하고, 중요하지만 게임 참가자 자격에 미달하는 국가로는 영국·일본·인도네시아를 꼽는다. 한편 지정학적 주축국으로는 우크라이나·아제르바이잔·터키·이란·한국을 들었다.

또한 미국이 유럽을 민주적 교두보로 활용해 패권 전략을 펼쳐야 한다고 주장한다. 유럽은 미국과 자연스러운 동맹 관계이고 같은 종교적 전통을 갖고 있기 때문에 민주주의가 점차 유라시아 깊숙이 확산되는 데 발판 역할을 할 수 있다는 것이다. 이때 체스판 게임 참가자인 프랑스가 프랑스권 아프리카 국가들에 대해 건설적인 역할을 수행하도록 활용해야 한다고 하면서, 프랑스의 사명감이 없다면 유럽의 남쪽은 불안정하고 위태로울 것이라고 강조한다. 유럽 국가 중 또 다른 게임 참가자인 독일에 대해서는 영국과 프랑스의 우려를 자아내지 않도록 하면서 유럽 내 독일의 지도력을 미국에 맞게 잘 활용해야 한다고 주장한다.

브레진스키는 소련의 붕괴로 유라시아 중심부에 블랙홀이 형성됐다고 하면서, 러시아가 이제 제3세계의 지역적 패권국가로 전락했지만 유라시아체제를 지정학적으로 안정시켜줄 모태는 될 수 있다고 말한다. 그는 러시아가 인종과 종교가 같은 우크라이나가 나토에 가입하는 것을 묵인하는 것은 상상할 수 없는 일이지만, 러시아가 이를 받아들인다면 러시아 또한 유럽이 될 수 있을 것이라면서 러시아가 우크라이나를 따라 유럽의 일부가 되든지 유라시아의 추방자가 될지를 선택해야 한다고 강조한다. 그리고 종교 분쟁과 인종 갈등으로 끓는 가마솥처럼 불안정한 유라시아의 발칸 지역(투르크메니스탄·우즈베키스탄·타지키스탄·카자흐스탄·키르기스스탄·

아제르바이잔·아르메니아·그루지아·아프가니스탄·터키·이란 등)에 대해서는 안정적이고 친서방적인 터키를 통해 지역 안정을 꾀하고, 미국과 이란 관계의 점진적인 발전을 통해 그리고 러시아와의 원만한 관계를 통해 지역적인 균형을 확립·관리해 나가야 한다고 강조한다.

또한 중국은 민주화 문제 등의 이유로 세계적인 국가가 되지는 못하겠지만 지정학적인 영향력을 행사하고 있기 때문에 미국에게 극동의 닻이 됨으로써 유라시아의 세력균형을 이루는 데 기여할 것이며, 한편 일본이 중국의 지역적 패권을 견제하고 대항하기 위한 동반자 역할을 할 수 있다고 주장한다. 따라서 미국은 체스를 둘 때처럼 상대방의 수를 예측함으로써 몇 수 앞서 나가야 하며 다자안보협력체제로서 러시아를 포함한 범유라시아안보체제(TESS)를 구축하는 것이 바람직하다고 주장한다.

브레진스키는 미국이 1등 지위를 지속 유지하기 위해서는 유럽 및 일본과의 협력이 긴요하다고 밝히고, 국제질서 안정을 위한 서방국가들의 과제를 강조한다. 이는 그가 미국 민주당 정권의 핵심 브레인답게 유라시아 차원의 다자안보협력체제 구축을 중요시하고 있음을 알려준다. 더불어 현재 미국의 세계 전략 방향이 브레진스키의『거대한 체스판』과 유사하게 진행되고 있다는 점에서 그의 제시가 시사하는 바가 크다고 하겠다.

4. 한국의 과제

앞 장에서 한반도 분단 상태에서 비롯되는 오는 안보 위협이 해소되기 전까지는 현실주의적 국가안보 패러다임을 중시하는 것이 바람직하다는 것을 살펴봤다. 이와 함께 한반도를 둘러싼 4대강국의 입장과 이들과의 이해관계를 고려해볼 때 동북아에서 영토적 야심이 없고 한국과 역사적 갈등이 없는 미국과의 동맹을 유지·강화해 나가는 것이 현시점에서 가장 바람직한 선택이라는 것을 이해할 수 있다.

그러나 중국과의 관계를 소홀히 해서는 안 된다. 어떤 정치학자는 중국이 천안함 공격과 연평도 포격과 관련해 북한 편을 드는 것은 G-2에 적응하기 위한 조정 단계 중이기 때문이라고 지적한다. 아무튼 한국은 중국과 경제협력을 지속 강화해가면서도 중국에 대해 합리적인 설득을 유지할 필요가 있다.

이와 함께 강대국들과 안보 협력을 유지하고 다자안보협력기구에 적극적으로 참여해 한반도 안정을 모색해 나가야 한다. 현재 동북아 지역에는 다자안보협의체가 부재한 상황으로 중장기적으로는 동북아 다자안보협력체제를 구축해야 한다. 한편 한국은 아시아-태평양 지역의 다자안보협의체인 아세안지역안보포럼에 참여하고 있다. 이 기구는 아시아-태평양 지역의 유일한 다자안보협의체로 1994년 창설됐으며, 이 지역의 포괄적인 안보 현안에 대해 대화 및 협의를 이끌어 지역안보와 안정의 추구를 목표로 한다. 참여국은 남북한을 포함하여 미국 및 아시아-태평양 지역의 국가들이다.

또한 글로벌 시대에 해외 진출과 교류가 없이는 생존하기 힘든 한국의 여건을 감안하여 국제 교류 강화와 국제기구 진출을 적극 추진하고 경제협력개발기구 및 G-20 회원국으로서 국제안보 현안을 해결하고자 국제적 노력에 적극 동참해야 한다. 이를 위해서는 유엔평화유지군을 파견해 국제사회에 기여하고 국제적인 구호·재난 활동에 적극 참여하는 한편, 환경·빈곤·인권·테러리즘·국제범죄 등 인류의 보편적 가치를 침해하는 안보 위협에 대응하기 위한 국제적 협력 네트워크에 동참해야 할 것이다.

그리고 무엇보다도 한국의 국가안보를 위한 군사력 증강 노력과 함께 민주주의 안정 및 국민 결속에 힘써야 하며, 국가의 번영과 미래를 위한 국민 교육에 주력해야 할 것이다.

참고문헌

강봉구. 2000. 「21세기 러시아의 신안보전략」. ≪국제정치논총≫, 제40집 2호.
강석영. 2005. 『중남미사회와 테러리즘』. 서울: 한국외국어대학교 출판부.
경창헌. 2007. 『탈냉전시대의 국제관계』. 서울: 한들.
구갑우. 2001. 「세계무역기구(WTO)의 다자주의와 지역주의」. ≪한국정치학회보≫, 35집 2호.
구정우. 2007. 「세계사회와 인권」. ≪한국사회학≫, 제41집 3호.
국가정보포럼. 2007. 『국가정보학』. 서울: 박영사.
권율 외. 2006. 『우리나라 대외원조정책의 선진화방안: 국제개발 협력 패러다임의 변화와 한국 ODA의 개혁과제』. 서울: 대외경제정책연구원.
권태영 외. 2009. 『21세기 군사 혁신의 명암과 우리 군의 선택』. 한국전략문제연구소.
그라우, 레스터(Lester W. Grau) 편. 2003. 『산맥을 넘은 불곰: 아프가니스탄에서의 소련군 전투 전술』. 허남성 외 옮김. 국방대학교 안보문제연구소.
김갑식. 2009. 「동북아 지역안보 패러다임과 북핵문제」. ≪통일문제연구≫, 통권 제52호.
김계동 외. 2005. 『한반도의 평화와 통일』. 서울: 백산서당.
_____. 2007. 『국제기구의 이해』. 서울: 명인문화사.
김동욱. 2010. 「대한민국 해군작전과 국제인도법」. ≪인도법논총≫, 제30호.
김미경. 2010. 「조직된 위선과 동아시아 지역 통합: 동아시아 지역 통합의 제도적 저발전에 대한 이론적 소고」. ≪아세아연구≫, 제53권 4호.
김분태 외. 2010. 「다국적 기업의 사회적 책임에 관한 연구: 다국적 기업의 자율 규제를 중심으로」. ≪법학연구≫, 제51권 제1호(통권63호).
김석진. 2009. 『개발원조의 국제규범과 대북 정책에 대한 시사점』. 서울: 산업연구원.
김성배. 2009. 「기후변화협약과 WTO에 대한 소고」. ≪국제경제법연구≫, 제7권 1호.
김성한. 2008. 「지역주의와 다자동맹: 동아시아에서의 공존 가능성에 대한 시론」. ≪국제정치논총≫, 제48집 4호.

김순태 외. 2009. 「한국과 일본의 대미 동맹정책 비교연구: 미국의 군사변환전략을 중심으로」. ≪국제정치논총≫, 제49집 4호.
김승채. 2010. 「중국의 에너지 안보: 상하이협력기구를 중심으로」. ≪국제관계연구≫, 제15권 제2호(통권 제29호).
김영춘. 2004. 『2차 북·일 정상회담 결과분석』. 서울: 통일연구원.
김용호 외. 2007. 「북한외교정책연구의 국내외 경향의 분석과 대안의 모색: 분석수준의 다양화를 위한 소고」. ≪통일문제연구≫, 통권 제48호.
김우상. 2007. 『신한국 책략 II』. 경기: 나남.
김우상 외 편역. 2007. 『국제관계론 강의』. 서울: 한울.
김유은. 2010. 「해외정보활동에 있어 윤리성의 개념 및 효율성과의 관계」. ≪한국정치외교사논총≫, 제31집 2호.
김윤덕. 2006. 『국가정보학: 이론과 실제의 이해』. 서울: 박영사.
김재창. 2003. 「새로운 국제질서와 한미동맹」. ≪국제관계연구≫, 제8권 제1호(통권 15호).
김정수. 2010. 「이명박 정부의 통일세 제안 배경과 향후 추진과제」. ≪통일정책연구≫, 제19권 2호.
김종오 외. 2010. 「국제범죄 색출을 위한 국제공조모델에 관한 연구」. ≪사회과학연구≫, 제16권 제2호.
김준형. 2004. 『국제정치』. 서울: 오름.
김태완. 2010. 「아동빈곤에 대한 소고: EU보고서를 중심으로」. 『보건복지포럼』.
김태운. 2005. 「신현실주의와 신자유주의의 국제정치관: 인식의 공유와 차이」. ≪정치·정보연구≫, 제8권 2호.
김태효. 2004. 『주한미군 재배치와 미국의 대한반도 정책방향』. 서울: 한국전략문제연구소.
김한식. 2010. 「소년들의 도시, 전쟁과 빈곤의 정치학」. ≪비평문학≫, 제37호.
김홍석. 2010. 「사이버 테러와 국가안보」. ≪저스티스≫, 통권 제121호.
남창희. 2008. 「주일미군 재배치와 일본의 대미 동맹관리 정책」. ≪국제관계연구≫, 제13권 제1호(통권 제24호).
노브, 알렉(Alec Nove). 1998. 『소련 경제사』. 김남섭 옮김. 서울: 창작과비평사.
라미경. 2008. 『국제 NGO의 이해』. 서울: 한올출판사.
문규석. 2010. 「국제전화 금융사기범에 대한 공권력 행사 방안」. ≪국제법학회논총≫, 제55권 제1호(통권 제116호).
문수언. 2010. 「상하이협력기구를 통하여 본 러시아와 중국 관계: 러시아의 우려와 대응」. ≪사회과학논총≫, 제13집.
문정인 편저. 2002. 『국가정보론』. 서울: 박영사.
밀러, 하랄트(Harald Muller). 2008. 『문명의 공존』. 이영희 옮김. 서울: 푸른숲.
미국 국가정보위원회·EU 안보문제연구소. 2011. 『글로벌 거버넌스 2025: 중대한 기로』. 박동철·박행웅 옮김. 서울: 한울.
민병원. 2006. 「문화의 국제관계: 네트워크 개념을 통한 이해」. ≪국제정치논총≫, 제46집 1호.
바커, 조너선(Jonathan Barker). 2007. 『테러리즘, 폭력인가 저항인가?』. 이광수 옮김. 서울: 이후.
박기련. 2007. 「미국의 군사변환과 그것이 한미동맹에 주는 함의: 21세기 미군의 범지구적 통제력의 영향을 중심으로」. ≪국제정치논총≫, 제47집 1호.
박번순. 2008. 『중국과 인도, 그 같음과 다름』. 서울: 삼성경제연구소.
박병인. 2005. 「상하이협력기구 성립의 기원: 상하이 5국에서 상하이협력기구로」. ≪중국학연구≫, 제33집.
박상필. 2007. 『NGO를 알면 세상이 보인다』. 서울: 한울.
박영호 외. 2010. 「이명박 정부 외교안보통일정책의 추진환경 및 전략과 실천방안」. 통일연구원.
박인휘. 2005. 「동북아 안보의 재인식」. ≪전략연구≫, 통권 제35호.
박재섭 외. 2010. 『전쟁과 국제법』. 서울: 삼우사.
박정원·도널리, 잭(Jack Donnelly). 2002. 『인권과 국제정치』. 서울: 오름.
박창권. 2009. 「2009 안보국방 환경 평가와 2010년 전망: 이슈별 대응전략을 중심으로」, ≪전략연구≫, 통권 제47호.
박태균. 2007. 「2·13 합의의 국제적 의미: 미국의 대외전략을 중심으로」. 『역사와 현실』.
박형중. 2007. 『구호와 개발 그리고 원조』. 서울: 해남.
반정호. 2010. 「청년고용과 소득불평등(빈곤)」. ≪노동리뷰≫, 11월호.
보크먼, 어니스트(Ernest Volkman). 2003. 『스파이의 역사』. 이창신 옮김. 서울: 이마고.
부잔, 베리(Barry Buzan)·한센, 레네(Lene Hansen). 2010. 『국제안보론』. 신욱희

외 옮김. 서울: 을유문화사.

비오티, 폴(Paul R. Viotti)·카우피, 마크(Mark V. Kauppi). 2005. 『국제관계이론』. 이기택 옮김. 서울: 일신사.

삼성경제연구소·KOTRA. 2005. 『BRICs의 기회와 위협』. 서울: 삼성경제연구소.

성동기. 2007. 「상하이협력기구 회원국들의 역학적 관계 분석 및 전망」. ≪동북아 문화연구≫, 제12집.

송봉선. 2008. 『김정일과 후계』. 서울: 한국교육문화원.

신범식. 2010. 「다자 안보 협력 체제의 이해: 집단안보, 공동안보, 협력안보의 개념과 현실」. ≪국제관계연구≫, 제15권 제1호(통권 제28호).

신상범. 2005. 「경제적 세계화와 환경정책: 중국의 사례」. ≪한국정치학회보≫, 39집 2호.

양문수. 2010. 「북한의 화폐개혁: 실태와 평가」. ≪통일문제연구≫, 통권 제53호.

연현식. 1996. 「러시아의 대동북아 정책 변화와 전망」. ≪슬라브학보≫, 제11권 제2호.

염돈재. 2011. 「한반도 안보환경 전망과 국가정보의 역할」. 『정보환경 변화와 국가정보 발전전략』.

왈츠, 케네스(Kenneth Waltz). 2007. 『인간 국가 전쟁』. 정성훈 옮김. 서울: 아카넷.

우승지. 2007. 「김정일 시대 북한의 국제관계론 이해를 위한 시론」. ≪국제정치논총≫, 제47집 4호.

우평균. 2008. 「CSCE 참여국의 전략적 이익과 협상 경과: 소련의 입장을 중심으로」. ≪국제관계연구≫, 제13권 제2호(통권 제25호).

_____. 2010. 「러시아 극동개발 프로그램과 한·중·일의 정책: 현황 및 한국의 방향성」. ≪슬라브학보≫, 제25권 4호.

유달승. 2001. 「아프가니스탄 분쟁」. ≪중동연구≫, vol. 20.

유현석. 2008. 『국제 정세의 이해』. 서울: 한울.

윤대규 외. 2006. 『북한경제개혁을 위한 새로운 패러다임』. 서울: 한울.

윤영진. 2008. 「정책과정에의 NGO의 참여: 함께하는 시민행동의 사례를 중심으로」. ≪사회과학논총≫, 제27집 2호.

윤재문. 2004. 「북한 김정일 체제의 외교정책에 관한 연구: 외교환경 변화와 그 대응전략을 중심으로」. ≪정치·정보연구≫, 제7권 1호.

이강익. 2010. 「미국의 경제적 불평등과 빈곤」. ≪미국사 연구≫, 제32집.

이금순 외. 2008. 『국제개발이론 현황』. 서울: 통일연구원.
이기완. 2007. 「일본의 정치변동과 미일안보체제」. ≪국제관계연구≫, 제12권 제1호(통권 22호).
이기택. 2001. 『국제정치사』. 서울: 일신사.
이대우. 2008. 『국제안보환경 변화와 한미동맹 재조정』. 서울: 한울.
이동선. 2011. 「미중 군사관계의 미래」. ≪전략연구≫, 통권 제51호.
이무철. 2010. 「북한 인권 문제와 인도적 개입: 주요 쟁점과 비판적 평가」. ≪통일문제연구≫, 통권 제53호.
이범준 외. 1998. 『미국외교정책: 이론과 실제』. 서울: 박영사.
이삼성. 1993. 『현대 미국외교와 국제정치』. 서울: 한길사.
이상현 외. 2008. 『한미동맹의 변환』. 경기: 세종연구소.
이상환. 2007. 「정보화 시대의 국가정보의 역할과 연구방향」. 『한국국가정보학회 창립기념 학술세미나: 정보화 시대의 국가정보: 기능, 역할, 그리고 연구방향』, 한국국가정보학회 세미나 발표 논문.
이석호 외. 2002. 「쿠바 미사일 위기와 소련 정보」. ≪국방연구≫, 제45권 제2호.
이승철 외. 2007. 『21세기 동북아 국제관계와 한국』. 경기: 나남.
이신화. 2006. 「전통적·비전통적 안보측면에서 본 북한과 국제기구의 관계」. ≪국제관계연구≫, 제11권 제1호(통권 20호).
이원우. 2011. 「안보 협력 개념들의 의미 분화와 적용: 안보연구와 정책에 주는 함의」. ≪국제정치논총≫, 제51집 1호.
이유신. 2007. 「상호의존론에 입각한 러시아의 가스거래 분석」. ≪국제정치논총≫, 제47집 4호.
이유진. 2010. 「북한과 국제사회의 상호 의존도를 중심으로 살펴본 북한인권개선 연구」. ≪국제정치논총≫, 제50집 1호.
이재승. 2009. 「에너지와 기후변화의 국제관계: 경쟁과 협력, 그리고 규범과 현실」. ≪국제정치논총≫, 제49집 2호.
이정민. 2005. 「북한의 미사일 위협과 대응」. ≪국제관계연구≫, 제10권 제1호(통권 18호).
이종문. 2010. 「러시아 경제의 에너지자원 의존과 네덜란드병 징후 분석」. ≪슬라브학보≫, 제25권 4호.
이주영. 2005. 『미국사』. 서울: 대한교과서.

이지훈. 2000. 『사례연구방법』. 대전: 도서출판 대경.
이혜정. 2008. 「민주평화론의 패러독스」. ≪한국정치외교사논총≫, 제29집 2호.
이화용. 2008. 「지구화시대 정치공동체의 변화」. ≪국제정치논총≫, 제48집 1호.
장동식 외. 2008. 「국제통화기금의 개혁방향에 관한 연구」. ≪국제관계연구≫, 제13권 제2호(통권 제25호).
장병옥. 2009. 『중동 분쟁과 이슬람』. 서울: 한국외국어대학교 출판부.
장성민. 2009. 『전쟁과 평화』. 경기: 김영사.
장임숙. 2007. 「환경 NGO와 기업 간 상호관계의 영향요인」. ≪사회과학연구≫, 제23집 2호.
장해광. 1989. 「게임이론을 통해 본 현대국제관계: 글라스노스트와 페레스트로이카의 시사성」. ≪사회과학논총≫, 제8집.
전웅. 2011. 「세계화, 정보화, 민주화, 그리고 국가정보」. 『정보환경 변화와 국가정보 발전전략』, 2011 한국국가정보학회 학술회의.
전재성. 2006. 「인간안보와 여성안보: 동아시아에서의 여성안보 논의」. ≪국제관계연구≫, 제11권 제2호(통권 21호).
정규섭. 1999. 『북한외교의 어제와 오늘』. 서울: 일신사.
정항석. 2002. 『미국패권의 이해』. 서울: 평민사.
정헌영. 2007. 「탈냉전 이후 안보환경의 변화에 따른 신세대 안보인식의 특성」. ≪국제관계연구≫, 제12권 제2호(통권 23호).
조성권. 2010. 「마약밀매와 환경안보: 콜롬비아의 사례연구」. 『라틴아메리카연구』, Vol. 23 No. 4.
조용만. 2010. 「유엔 PKO 활동 분석과 한국 PKO의 전략적 실용화 방향」. ≪국제정치논총≫, 제50집 1호.
조윤영. 2008. 「유엔의 평화유지활동과 한국: 효율적 평화유지활동 위한 정책적 과제의 모색」. 한국국제정치학회 주관 국방안보학술회의 발표 논문.
조지, 로거(Roger Z. George)·브루스, 제임스(James B. Bruce). 2010. 『정보분석의 혁신』. 박동철 옮김. 서울: 한울.
조한승. 2007. 「21세기 안보환경의 변화와 핵억지 전략의 문제점」. ≪국제관계연구≫, 제12권 제2호(통권 23호).
차창훈. 2007. 「21세기 중국의 외교정책: 국내외적 환경 변화와 전략과 목표를 중심으로」. ≪한국정치외교사논총≫, 제29집 1호.

최병갑 외. 1987.『전략방위계획(SDI)』. 국방대학원 안보문제연구소.
최영종. 2010.「G20과 글로벌 금융거버넌스 체제의 변화」,≪국제관계연구≫, 제15권 제2호(통권 제29호).
_____. 2011.「동아시아 지역 통합과 한국의 중견국가 외교」.≪한국정치외교사논총≫, 제32집 2호.
최종건. 2009.「안보학과 구성주의: 인식론적 공헌도를 중심으로」.≪국제정치논총≫, 제49집 5호.
최종기. 1985.「국제기구를 통한 분쟁(갈등) 해결에 관한 검토: 국제연합의 평화유지노력을 중심으로」.≪국제정치논총≫, 제24집 2호.
최진태. 2006.『테러리즘의 이론과 실제』. 서울: 대영문화사.
최치원. 2009.「초국가적 지평으로서 동북아시아를 상상하기: 하나의 철학적 토대 탐구」.≪국제관계연구≫, 제14권 제1호(통권 제26호).
추슈롱(楚樹龍). 2006.「SARS와 중국의 인간안보」.≪국제관계연구≫, 제11권 제1호(통권 제21호).
켄고, 폴(Paul Kengor). 2008.『레이건의 십자군』. 최정우 옮김. 서울: 조갑제닷컴.
토머스, 고든(Gordon Thomas). 2010.『기드온의 스파이』. 이병호·서동구 옮김. 서울: 예스위캔.
프리드먼, 토머스(Thomas L. Friedman). 2007.『렉서스와 올리브나무』. 신동욱 옮김. 서울: 창해.
하상식. 2010.「상생·공영정책의 이론적 배경」.≪국제관계연구≫, 제15권 제2호(통권 제29호).
한관수. 2009.「북한의 급변사태와 군사대비」.≪전략연구≫, 통권 제47호.
한국공간환경학회 외. 2002.「전쟁과 지속 가능한 환경 안보」.≪동향과 쟁점≫.
한국국제협력단. 2009.『국제개발 협력의 이해』. 서울: 한울.
한용섭. 2010.「핵무기 없는 세계」.≪국제정치논총≫, 제50집 2호.
헌팅턴, 새뮤얼(Samuel P. Huntington). 2008.『문명의 충돌』. 이희재 옮김. 경기: 김영사.
홍성필. 2007.「국제인권에 비추어 본 북한의 인권」.≪저스티스≫, 통권 제98호.
홍양표. 1993.『전쟁원인과 평화문제』. 대구: 경북대출판부.
홍익표. 2011.「2011년 신년사설을 통해 본 북한경제 전망」.≪KIEP 오늘의 세계경제≫, 제11-2호.

홍태영. 2009. 「세계화와 정체성의 정치」. ≪국제관계연구≫, 제14권 제1호(통권 제26호).

황지환. 2010. 「선군정치와 북한 군사부문의 변환전략」. ≪국제관계연구≫, 제15권 제2호(통권 제29호).

Ambrose, Stephen E. & Brinkley, Douglas G. 1997. *Rise to Globalism: American Foreign Policy since 1938.* New York: Penguin Books.

Brzezinski, Zbigniew. 1997. *The Grand Chessboard*, New York: Basic Books.

Chilcote, Ronald H. 1984. *Theories of Development and Underdevelopment.* Colorado: Westview Press.

Coll, Steve. 2005. *Ghost Wars: The Secret of the CIA, Afganistan, and Bin Laden, From the Soviet Invasion to September 10, 2001.* New York: the Penguin Group.

Daugherty, William J. 2006. *Executive Secrets: Covert Action and the Presidensy.* Lexington: The University Press of Kentucky.

Dunleavy, Patrick and O'Leary, Brendan. 1987. *Theories of the State: The Politics of Liberal Democracy.* London: Palgrave.

Godson, Roy. 2008. *Dirty Tricks or Trump Cards: U.S. Covert Action & Counterintelligence.* New Jersey: Transaction Publishers.

Gomulka, Stanislaw & Polonsky, Antony. 1991. *Polish Paradoxes.* New York: Routledge.

Jackson, Robert & Sorensen, Georg. 1999. *Introduction to International Relations.* Oxford University Press.

Jeffreys-Jones, Rhodri. 2003. *The CIA and American Democracy.* Binghamton: Vail-Ballou Press.

Kegley, Charles W. & Wittkopf, Eugene R. 2004. *World Politics: Trend and Transformation.* Belmont: Wadsworth/Thomson Learning.

Lowenthal, Mark M. 2006. *Intelligence: From Secrets to Policy.* Washington, D.C.: CQ Press.

MacEachin, Douglas J. 2002. *U.S. Intelligence and the Confrontation in Poland, 1980-1981*. The Pennsylvania State University Press.

Mann, James. 2009. *The Rebellion of Ronald Reagan: A History of the End of the Cold War.* New York: Penguin Group.

Marsh, David & Stoker, Gerry. 2002. *Theory and Methods on Political Science.* New York: Palgrave Macmillan.

Mattli, Walter. 1999. *The Logic of Regional Integration.* Cambridge University Press.

Muravchik, Joshua. 1992. *Exporting Democracy.* Washington: The AEI Press.

Payne, Richard J. & Nassar, Jamal R. 2003. *Politics and Culture in the Developing World.* Illinois State University.

Rosati, Jerel A. 1993. *The Politics of United States Foreign Policy.* Fort Worth: Harcourt Brace Jovanovich College Publishers.

Saikal, Amin & Maley, William. 1989. *The Soviet Withdrawal from Afghanistan.* New York: Cambridge University Press.

Schweizer, Peter. 1994. *Victory: The Reagan Administation's Secret Strategy That Hastened the Collapse of the Soviet Union.* New York: The Atlantic Monthly Press.

Shulsky, Abram N. & Schmitt, Gary J. 2002. *Silent Warfare: Understanding the World of Intelligence.* Washington, D.C.: Potomac Books, Inc.

Wallace, Robert & Melton, H. Keith. 2008. *SPYCRAFT : The Secret History of the CIA's Spytechs from Communism to Al-Qaeda*, New York: Dutton.

Weiner, Tim. 2007. *Legacy of Ashes: The History of the CIA.* New York: Doubleday.

http://joongang.joinsmsn.com/
https://www.cia.gov/
http://www.dni.gov/nic/NIC_2025_project.html
http://www.globalpolicy.org/un-finance.html
http://www.mofat.go.kr/main/index.jsp
http://www.nis.go.kr/svc/index.do?method=content&cmid=10200
http://www.un.org
http://www.yonhapnews.co.kr/bulletin/0200000001.html

••• 찾아보기

ㄱ

갈등 132
개발원조 167
개발원조위원회 168
개발 협력 166
거버먼트 112
거울 이미지 109
게임이론 35
경고 실패 105
경고 피로 110
경제공작 101
경제동맹 147
고농축우라늄 66
고슴도치이론 36
골든아치이론 44
공개정보 98
공동시장 147
공동안보 16
공적개발원조 167
관세동맹 147
교토의정서 161
구성주의 35
구조주의 30
국가안보 13, 97
국가이익 17
국가인권위원회 172

국가정보 96
국가정보관 203
국가정보위원회 203
국가정보장 106
국방위원장 87
국제관계 15
국제범죄 178
국제사면위원회 171
국제사법재판소 126
국제사회이론 34
국제원자력기구 73
국제자유경제질서 165
국제정치 15
국제질서 40
국제형사재판소 171
군비 137
군사 변환 59
군사 혁신 48
근린 궁핍화 정책 149
글로벌 거버넌스 113
급변 사태 84
기능주의 89, 148
기술이론 71
기술정보 98
기체확산법 66
기후변화협약 161

ㄴ

난사군도 187
남북문제 164
내간 99
내폭형 67
넌제로섬 게임 36

ㄷ

다국적 기업 121
당대표자회 88
대량살상무기 49, 69
대륙간탄도미사일 67
대전협정 191
댜오위다오 187
동기이론 71
동맹 24
디도스 176

ㄹ

레짐 21, 29, 114

ㅁ

무역 전환 147
무역 창출 147
무정부 상태 24
문화상대주의 169
미래한미동맹정책구상회의 192
미사일기술통제레짐 71, 74
미사일 방어 42, 70
민감성 46
민주평화론 37

ㅂ

반간 99
발리 로드맵 161
방첩 102
백도어 175
범유라시아안보체제 208
벼랑 끝 전술 36
보이스피싱 181
부분핵실험금지조약 73
북방 4개도서 187
북방한계선 55, 84
북한인권특별보고관 170
분담금 129
분석 100
분쟁 131
브레턴우즈체제 152
브릭스 153
비밀공작 100
비인가 접근 공격 177
비정부기구 118
비핵개방 3000 55

ㅅ

사간 99
사슴 사냥의 우화 26
사이버 테러 174
상하이협력기구 62
상호 의존 46
생간 99
서비스 거부 공격 176
선군사상 81

선군정치 81
선전공작 101
설득 게임 37
세계정치 15
세계체제론 32
세계화 43
세력균형 25
세력균형이론 40
세력전이이론 27, 57, 133
수입 할당 150
수직적 핵확산 72
수집 97
수평적 핵확산 72
스파이 99
신국제경제질서 116, 165
신기능주의 90, 148
신자유주의 29
신중상주의 149
신탁통치이사회 127
신현실주의 25
신호정보 98

ㅇ
아세안지역안보포럼 61
안보 13
안보 딜레마 24
안보리 개편 129
안보 협력 16
억지 69
연계이론 72
연방제 통일 91

연착륙 94
연평도 포격 56
영상정보 98
온실가스 162
원심분리법 66
웜 175
유사동기이론 71
유엔사령부 194
이상주의 28
인간안보 14
인간정보 98
인권이사회 170
인지적 오류 109
일방주의 43

ㅈ
자유무역지대 147
자유주의 28, 149
장주기이론 27
재처리 66
전략방위구상 70, 102
전략적 동반자 관계 53
전술핵 75
전시작전통제권 193
전자 총 177
전자 폭탄 177
전쟁 132
정보 96
정보기구 103
정보 순환 96
정보 실패 105

찾아보기 221

정보 오판 106
정보의 정치화 106
정보화 47
정부 간 기구 117
정부간주의 148
정책 실패 106
정치공작 101
제국주의이론 31
제네바기본합의문 78
제로섬 게임 36
종속이론 32
죄수의 딜레마 26
주체사상 81
주한미군지위협정 189
준군사공작 102
중상주의 149
지구온난화 162
지속 가능한 개발 159
지역 통합 146
지역주의 145
집단 사고 109
집단방위 16
집단안보 16

ㅊ
천년개발목표 167
천안함 공격 56
첩보 96
초국가 관계 15
최적통화지역 147
취약성 46

치킨 게임 36

ㅋ
커피클럽 116
컴퓨터 바이러스 175

ㅌ
테러 대응 전략 173
테러리즘 48, 172, 177, 196
테러 지원국 79
통제 137
통화동맹 147
트로이 목마 176

ㅍ
패권안정이론 40, 57
평시작전통제권 191
평화유지활동 138
평화조약 136
포괄적 안보 15
포괄적핵실험금지조약 72, 73
포스트-브릭스 156
포신형 67

ㅎ
한미연례안보협의회 191
한민족공동체통일방안 91
한반도에너지개발기구 78
핵무기 65
핵억지 69
핵통제 73

핵확산 71
핵확산금지조약 72, 74
향간 99
현실주의 23
협력안보 17
협의 지위 126
협치 112
확산방지구상 49
환경보건 162

숫자 및 영어

10·3 합의 79
2·13 합의 79
4개년국방검토보고서 60
6자회담 79
7·4 남북공동성명 90
G-20 117
G-77 165

김병남

한국외국어대학교 문학사·정치학 석사, 국제관계학 박사
스페인 국립마드리드대학교 수학
외교통상부 해외 주재 한국대사관 참사관 역임
국가안보전략연구소 연구위원 역임
현 원광대학교 초빙교수
강남대학교·국민대학교·한국외국어대학교 출강

한울아카데미 1391

안보란 무엇인가 21세기 국제안보 그리고 한반도

ⓒ 김병남, 2011

지은이 | 김병남
펴낸이 | 김종수
펴낸곳 | 도서출판 한울

편집책임 | 이교혜
편집 | 배유진

초판 1쇄 인쇄 | 2011년 11월 25일
초판 1쇄 발행 | 2011년 12월 16일

주소 | 413-756 파주시 교하읍 문발리 535-7 302(본사)
         121-801 서울시 마포구 공덕동 105-90 서울빌딩 1층(서울 사무소)
전화 | 영업 02-326-0095, 편집 031-955-0606, 02-336-6183
팩스 | 02-333-7543
홈페이지 | www.hanulbooks.co.kr
등록 | 1980년 3월 13일, 제406-2003-051호

Printed in Korea.
ISBN 978-89-460-5391-5 93340(양장)
ISBN 978-89-460-4527-9 93340(학생판)

* 가격은 겉표지에 표시되어 있습니다.
* 이 도서는 강의를 위한 학생판 교재를 따로 준비했습니다.
   강의 교재로 사용하실 때에는 본사로 연락해주십시오.